# *"Der schwarze Kanal"*

## Ein politisches Magazin des DDR-Fernsehens

von

Kirsten Nähle

Tectum Verlag
Marburg 2005

Umschlagabbildung: Deutsches Rundfunkarchiv (DRA) Potsdam-Babelsberg

**Nähle, Kirsten:**
"Der schwarze Kanal".
Ein politisches Magazin des DDR-Fernsehens.
/ von Kirsten Nähle
- Marburg : Tectum Verlag, 2005
ISBN 978-3-8288-8908-8

Tectum Verlag
Marburg 2005

Meinen Eltern

# Inhaltsverzeichnis:

# I. Einleitung

## I.1 Zum Gegenstand dieser Arbeit und zum Forschungsstand

Nach 1945 begann eine neue Phase in den internationalen Beziehungen, die weniger durch militärische als durch ideologische Auseinandersetzungen charakterisiert war.[2] Die grenzüberschreitenden Rundfunkmedien spielten daher schon sehr früh eine große Rolle als Instrumente eines Kommunikationskrieges, eines „Klassenkampfes auf Ätherwellen".[3] „Die Entwicklung des Fernsehens stand im Schatten des Kalten Krieges."[4] Gerade was die Beziehungen zwischen der Bundesrepublik und der DDR anging, war das Bild-und Tonmedium Fernsehen ein nicht zu unterschätzendes Propagandamittel in der andauernden ideologischen Auseinandersetzung.[5] Es vermittelte Anschauungen vom jeweils Anderen, die nach dem Mauerbau am 13.8.1961 auf direktem Wege nicht mehr zu gewinnen waren. Da sich beide deutschen Staaten als Vertreter des gesamten Deutschen Volkes sahen, war die Absicht, die Bevölkerung des jeweils anderen Teils Deutschlands medial zu erreichen quasi in den Verfassungen festgeschrieben.[6] Die Funktion der Fernsehbilder hatte in der DDR aufgrund von lebensweltlichem Rahmen, gesellschaftlicher Organisation und staatlicher Konstitution eine ganz andere Bedeutung als in der Bundesrepublik.[7] Während Selbstkritik im DDR-Fernsehen praktisch nicht vorkam, wurden in Bezug auf die Bundesrepublik ausschließlich Negativmeldungen und „Gegeninformationen" verbreitet.[8] Das Ostfernsehen berichtete immerhin fünfmal soviel über die Bundesrepublik wie umgekehrt.[9]

---

[1]  Ludes, Peter (Hg.), DDR-Fernsehen intern. Von der Honecker-Ära bis „Deutschland einig Fernsehland", Berlin 1990, S. 271.

[2]  Goss, Anthony John, Deutschlandbilder im Fernsehen. Eine vergleichende Analyse politischer Informationssendungen in der Bundesrepublik Deutschland und der DDR, Köln 1980, S. 16.

[3]  Hickethier, Knut, unter Mitarbeit von Peter Hoff, Geschichte des deutschen Fernsehens, Stuttgart/Weimar 1998, S. 282.

[4]  Ebd. S. 95.

[5]  Ebd. S. 281.

[6]  Hoff, Peter, Die Beziehungen zwischen den Fernsehinstitutionen der Bundesrepublik Deutschland und der Deutschen Demokratischen Republik zwischen 1952 und 1989, in: Hickethier, Knut (Hg.), Deutsche Verhältnisse. Beiträge zum Fernsehspiel in Ost und West, Siegen 1993 (Arbeitshefte Bildschirmmedien Bd. 41), S. 34.

[7]  Hickethier, Geschichte des deutschen Fernsehens, S. 281.

[8]  Scharf, Wilfried, Die beiden DDR-Fernsehprogramme in den Achtziger Jahren, in: Studienkreis Rundfunk und Geschichte 14 (1988), Nr. 2 , S. 135.

[9]  Goss, Deutschlandbilder, S. 84.

Am 21. März 1960 startete im DDR-Fernsehen eine Sendereihe, die für fast drei Jahrzehnte nahezu als Symbol für diesen Kalten Krieg im Äther war: „Der schwarze Kanal".[10] Der Leiter und Moderator der Propagandasendung gegen die Bundesrepublik, Karl-Eduard von Schnitzler, wurde zur Repräsentationsgestalt des „Kalten Kriegers" auf dem DDR-Fernsehschirm schlechthin. So wird die Sendereihe auch in jeder Darstellung zum Fernsehen der DDR erwähnt. Eine spezifische Untersuchung des Politmagazins liegt bislang aber nicht vor. Eine inhaltliche Analyse der Sendemanuskripte des Moderators, die diese Arbeit anstrebt, ermöglicht unter anderem Rückschlüsse auf die innerdeutschen Beziehungen zu ziehen. „Der schwarze Kanal" ist nicht nur mit der DDR-Fernsehgeschichte, sondern auch mit der gesamtdeutschen Geschichte verbunden, da die Sendung sich an Ost- wie Westdeutsche richtete. Da es vor allem die Massenmedien sind, die Sekundärerfahrungen mit anderen Nationen liefern, wo direkte Erlebnisse, also primäre, fehlen, spielen sie eine entscheidende Rolle bei der Entwicklung von Bildern.[11] Im Ost-Westverhältnis waren diese „Images" Feindbilder.[12] Die folgende Analyse wird daher zum einen eine Feindbildanalyse sein. An verschiedenen Themenfeldern wird untersucht werden, wie Karl-Eduard von Schnitzler in seiner Sendung das Feindbild Bundesrepublik konstruiert. Gekoppelt wird dieser Analyseansatz mit einer Skandalisierungs-Analyse, die die Rolle Schnitzlers als „Skandalisierer" hervorhebt. Die Frage soll hier lauten, mit welchen rhetorischen Mitteln er Zustände in der Bundesrepublik skandalisiert. Dass sich diese beiden Ansätze verbinden lassen, soll in der Vorstellung beider Untersuchungsansätze deutlich werden.

Erleichtert wird die Untersuchung durch die originalgetreue Digitalisierung der Sendemanuskripte, die das Deutsche Rundfunkarchiv (DRA) als Maßnahme der Bestandssicherung seit 1998 durchführte und im Sommer 2000 abgeschlossen hat.[13] Sowohl die schriftlichen Sendeunterlagen als auch die im Bewegtbild erhalten gebliebenen Sendungen selbst sind im DRA am Standort Berlin-Babelsberg archiviert. Die Manuskripte bildeten die Grundlage für Schnitzlers Kommentierung von Filmausschnitten westdeutscher Fernsehsendungen. Der Bestand entspricht etwa einer Anzahl von 50000 Blatt. Besondere Bedeutung erhalten die schriftlichen Unterlagen vor dem Hintergrund der Vernichtung der Filmbeiträge fast aller Gesamtsendungen schon kurz nach ihrer Ausstrahlung. Beim „Deutschen Fernsehfunk" (DFF) bzw. „Fernsehen der DDR" wurden, wie bei Magazinsendungen üblich, nur die Filmbeiträge, jedoch nicht die live gespro-

---

[10] Hoff, Die Beziehungen zwischen den Fernsehinstitutionen, S. 42 f.

[11] Wilke, Jürgen, Imagebildung durch Massenmedien, in: Bundeszentrale für politische Bildung (Hg.), Völker und Nationen im Spiegel der Medien, Bonn 1989 (Arbeitsschriften für die politische Bildung, Bd. 269), S. 16.

[12] Nicklas, Hans/Ostermann, Änne, Die Rolle von Images in der Politik. Die Ideologie und ihre Bedeutung für die Imagebildung am Beispiel des Ost-West-Konflikts, in: Bundeszentrale für politische Bildung (Hg.), Völker und Nationen im Spiegel der Medien, Bonn 1989 (Arbeitsschriften für die politische Bildung, Bd. 269), S. 27.

[13] Die digitalisierten Sendemanuskripte der 1519 Sendungen des „Schwarzen Kanals" sind im Internet über URL:http://sk.dra.de (6.6.04) einsehbar. Auf sie wird diese Arbeit jeweils Bezug nehmen.

chenen Kommentare des Moderators archiviert. Die Entscheidung über die Freigabe zur Löschung der Beiträge traf Schnitzler persönlich.

Die Geschichte, Funktion und Struktur des DDR-Fernsehens ist ausführlich aufgearbeitet worden. Umfassende Studien sind neben den bereits zitierten Werken von Ludes und Hickethier die Arbeiten von Gunter Holzweißig[14], Rolf Geserick[15] und Heide Riedel.[16] Zu einzelnen Magazinsendungen des Ostfernsehens und zur Geschichte der Magazine liegen Untersuchungen von Helmut Heinze und Anja Kreutz vor.[17] „Der schwarze Kanal" wurde bisher in eine vergleichende quantitative Inhalts-Analyse als Magazin miteinbezogen.[18] Zum Thema dieser Arbeit liegen Aufsätze und Zeitungsartikel vor.[19] Allerdings beschäftigen sich diese meist mit Schnitzler und nur marginal mit der Sendung. Kommentierungen Schnitzlers für die Westpropaganda der SED wurden jüngst von Klaus Arnold anhand der frühen Sendungen des SED-Propagandaorgans „Deutschlandsender" analysiert.[20]

### I.2 Beschreibung des Quellenmaterials und Eingrenzung des Themas

Die Manuskripte des „Schwarzen Kanals" sind im Internet chronologisch unter Angabe der Sendenummer, des Ausstrahlungsdatums und Titels der Sendung sowie der Archiv-Signatur angeordnet. Zu allen Manuskripten sind Stichworte zu den Themen der Einzelsendungen angefügt. Lückenhaft ist die Überlieferung der Jahre 1961-1965 und 1971. Hier fehlen Unterlagen von 35 Sendungen. Die Dokumente setzen sich aus dem Manuskript Schnitzlers und dem Abhörbericht der jeweils verwendeten Sendungen des Westfernsehens zusammen. Allerdings fehlt der Abhörbericht bei vielen Sendungen Anfang der 60er Jahre. Für die Sendungen der späteren Jahre existieren zudem Titelblatt, Inhaltsbeschreibung, Ansage, der Laufplan der Einspielungen aus dem Westfernsehen, Anmerkungen zu Einschaltquoten und Einschätzungen der Sendung.

---

[14] Holzweißig, Gunter, Die schärfste Waffe der Partei. Eine Mediengeschichte der DDR, Köln/Weimar/Wien 2002.;ders., Zensur ohne Zensor. Die SED-Informationsdiktatur, Bonn 1997.

[15] Geserick, Rolf, 40 Jahre Presse, Rundfunk und Kommunikationspolitik in der DDR, München 1989.

[16] Riedel, Heide, Hörfunk und Fernsehen in der DDR. Funktion, Struktur und Programm des Rundfunks in der DDR, Köln 1977.

[17] Heinze, Helmut/Kreutz, Anja (Hg.), Zwischen Service und Propaganda. Zur Geschichte und Ästhetik von Magazinsendungen im Fernsehen der DDR 1952-1991, Berlin 1998.; Kreutz, Anja/Löcher, Uta/ Rosenstein, Doris (Hg.), Von „AHA" bis „Visite". Ein Lexikon der Magazinreihen im DDR-Fernsehen (1952-1990/91), Potsdam 1998.

[18] Goss, Deutschlandbilder, S.27.

[19] vgl. u.a. Kutsch, Arnold, Das Ende des „Schwarzen Kanals". Karl-Eduard von Schnitzler im Ruhestand, in: Studienkreis Rundfunk und Geschichte, Mitteilungen, 15. Jg. (1989), Nr. 4, S. 248-259.; Fischer, Jörg-Uwe, Marginalien zum „Schwarzen Kanal", in: Rundfunk und Geschichte 21 (1995),Nr. 2/3, S. 162-164.

[20] Arnold, Klaus, Kalter Krieg im Äther. Der Deutschlandsender und die Westpropaganda der DDR, Münster 2002 (Kommunikationsgeschichte, Bd. 16).

Etwas problematisch bei der Datenbanksuche[21] und dem Inhaltsverzeichnis ist, dass nicht immer alle Sendungen mit dem entsprechenden Thema aufgelistet werden, bzw. die Inhaltsangabe zu den Manuskripten nicht alle Themen der Sendung angibt. So begegnen einem beispielsweise nationalsozialistische Themen häufiger beim Lesen als im Inhaltsverzeichnis. Eine quantitative Auszählung verschiedener Themen erschien daher ungenau und wenig sinnvoll.[22] Trotzdem hilft die Datenbanksuche bei der Suche nach bestimmten Quellen nach Eingrenzung des Themas.

Da sich die Analyse nur auf schriftliches Material bezieht, also das medienspezifische Bildmaterial nicht einsichtbar war, muss offen bleiben, inwiefern Schnitzler mit den Bildern, mit Gesten, Sprache und Mimik arbeitete und wirkte. Daher ist es oft schwierig, im Einzelfall zu entscheiden, ob Schnitzler beispielsweise etwas ernst oder nur ironisch meint. Auch bei Streichungen und Einfügungen in den Manuskripten ist schwer nachzuprüfen, ob der Moderator selbst die Korrekturen vornahm oder ob sie von höherer Stelle angeordnet wurden. Zudem ist nicht garantiert, dass die schriftliche Fassung letztendlich auch genauso live gesprochen wurde. Auch bei von Schnitzler unterstrichenen Wörtern ist unsicher, ob der Moderator diese live auch betonte.

Über eine stichprobenartige Lektüre der Sendemanuskripte, wobei verschiedene Dokumente aus allen 30 Jahren gelesen wurden, galt es das Thema einzugrenzen. Schnitzlers Sendung thematisiert soziale und wirtschaftliche Missstände in der Bundesrepublik Deutschland und in anderen kapitalistischen Systemen, kritisiert Westmedien und ihre Journalisten, führt Skandale der Bundesrepublik dem Zuschauer vor Augen und bewertet die westdeutsche Politik und ihre Repräsentanten. Auch der Vietnamkrieg, der Nahost-Konflikt, die Studentenbewegung der späten 60er Jahre, die Aufrüstung sowie die Dritte Welt sind Themen in Schnitzlers Kanal. Untermauert werden seine Argumente durch Ausschnitte aus abgehörten Westsendungen. Der Kritik am Westen gegenüber stehen die Leistungen der DDR, der Sowjetunion und anderer sozialistischer Staaten sowie deren Verhältnis untereinander.

Auffällig hoch ist die Anzahl der Sendungen, die die Bundesrepublik als Nachfolgestaat des Nazireiches skizzieren, personelle Kontinuität, antisemitische Vorfälle und Neonazismus anprangern, und somit dem westdeutschen Staat eine unbewältigte Vergangenheit vorwerfen. Besonders stark ist das Thema in den gesamten 60er Jahren vertreten, Anfang der 70er wird es schwächer, verschwindet aber nicht völlig. Eine Beschäftigung mit der Darstellung der Vergangenheitsbewältigung in West und Ost lag also sehr früh nahe. Das Thema ist heute noch sehr aktuell. Äußerst sensibel reagieren Gesellschaft und Politik auf Aussagen, die sich als zu weit rechts oder antisemitisch interpretieren lassen. Auch war die Beschuldigung der Bundesrepublik, ihre Vergangenheit nicht bewältigt

---

[21] Über eine Datenbank auf URL:http://sk.dra.de ist die Suche nach Personennamen, Schlagwörtern oder Sendezeitraum möglich. Die Trefferliste führt über das Inhaltsverzeichnis direkt zum Manuskript. Zusätzlich besteht das Angebot einer Freitextsuche.

[22] Geht man nach der Inhaltsangabe in den Stichworten zu den Manuskripten, kommen nationalsozialistische Themen in den 60er Jahren 61 mal, in den 70er Jahren 38 mal und in den 80er Jahren noch 36 mal vor. Das Thema ist also in den 60er Jahren klar dominant.

zu haben, ein notwendiger Bestandteil der Legitimationsstrategie der DDR gegenüber dem westdeutschen Staat, da diese sich von vornherein als „antifaschistisch-demokratische Ordnung" bezeichnete.[23] Ein Staat ohne demokratische Legitimation braucht „Krücken", um wenigstens in Teilbereichen seine Existenz als gerechtfertigt erscheinen zu lassen und ein Verbundenheitsgefühl der Bürger mit dem System sicher zu stellen.[24] Zwischen Faschismus und Nationalsozialismus wurde in der DDR nur insofern unterschieden, dass der Nationalsozialismus „die reaktionärste Spielart des Faschismus" und „Stoßtrupp der antisozialistischen Konterrevolution" sei.[25] Das legimatorische Potential des Antifaschismus lag vor allem in der politisch-moralischen Integrität, die man den SED-Politikern zuschrieb, und im Verlangen, eine „neue Zeit" jenseits nazistischer Katastrophen zu beginnen und „Lehren aus der Geschichte" zu ziehen.[26] Die Bundesrepublik und gerade auch ihre Repräsentanten dienten daher als Negativfolie, vor der man sich abgrenzen und positiv abheben konnte. Und auch für Schnitzler, der sich als „politischer Flüchtling" des deutschen Faschismus verstand, wurde dessen Bekämpfung ein Hauptmotiv seiner publizistischen Tätigkeit.[27] Er zählte sich selbst zu den „wirklichen Demokraten und Antifaschisten".[28]

Der zweite Legitimationsstrang der DDR, der sich für die thematische Analyse anbietet, ist der Anspruch aller herrschenden kommunistischen Parteien, eine Gesellschaft der materiellen Gleichheit und Gerechtigkeit zu schaffen.[29] Auch die SED nannte dies als Ziel der Menschheitsentwicklung und reklamierte ein exklusives Wissen um den Weg zu diesem Ziel. Aus diesem privilegierten Wissen wiederum rechtfertigte die Partei ihr Machtmonopol. Gleichheit und Gerechtigkeit einer Gesellschaft ließen sich natürlich besonders gut herausstellen, indem man Ungleichheit und Ungerechtigkeit in der kapitalistischen Bundesrepublik präsentierte. Ein weiteres Kapitel wird also untersuchen, wie Schnitzler den Kapitalismus als ungerechtes System skandalisiert.

Der erste Analyseabschnitt der Arbeit ergibt sich aus der Funktion der Sendung selbst, die sich auf Ausschnitte des Westfernsehens stützte. Es gilt also zu betrachten, wie das Westfernsehen selbst im „Schwarzen Kanal" dargestellt wird. Dazu wird es nötig sein, allgemein auf das Problem Westfernsehen in der DDR einzugehen.

Der Untersuchungszeitraum erstreckt sich von der ersten Sendung bis einschließlich Juni 1971, wobei aufgrund des umfangreichen Materials nur eine stichprobenartige Untersuchung möglich ist. Der Einschnitt zu diesem Zeitpunkt scheint sinnvoll, da nach dem Machtantritt Honeckers an diesem Parteitag eine strategische Neuorientierung der SED einsetzte.[30] Dort brach Honecker auch

---

[23] Meuschel, Sigrid, Legitimation und Parteiherrschaft in der DDR. Zum Paradox von Stabilität und Revolution in der DDR 1945-1989, Frankfurt/Main 1992, S. 31.
[24] Lapp, Peter J., Traditionspflege in der DDR, Berlin 1988, S. 9.
[25] Meuschel, Legitimation, S. 29.
[26] Ebd. S. 38 f.
[27] Kutsch, Da Ende des „Schwarzen Kanals", S. 250.
[28] Ebd. S. 253.
[29] Meuschel, Legitimation, S. 10.
[30] Weber, Hermann, Kleine Geschichte der DDR, Köln 1980, S. 146.

erstmals öffentlich mit dem Tabu des Westfernsehens.[31] Auf gesellschaftlicher
Ebene ist mit dem Namen Honecker der real-existierende Sozialismus und die
Strategie der „Einheit von Wirtschafts- und Sozialpolitik" verbunden.[32] Auch
setzten sich seit den siebziger Jahren Formen einer differenzierteren Auseinandersetzung mit der nationalsozialistischen Vergangenheit durch.[33] Der Untersuchungszeitraum ermöglicht gleichzeitig, eventuelle Veränderungen in der Tonart
gegenüber der Bundesrepublik infolge der Entspannungspolitik der Sozialliberalen Koalition auszumachen.

Vor der Analyse muss zunächst allgemein auf das Fernsehen der DDR, auf Aufbau und Entwicklung, eingegangen werden. Außerdem soll- insoweit rekonstru-
ierbar- auf die Entstehung, die Funktion und Produktion des „Schwarzen Kanals" eingegangen werden. Dabei muss Näheres zum Leben und der Weltan-
schauung Karl-Eduard von Schnitzlers erläutert werden, da er als Erfinder und
Moderator die Sendung entscheidend prägte. Die Arbeit schließt mit der Rezeption des Magazins.

---

[31]  Scharf, DDR-Fernsehprogramme, S. 132.
[32]  Meuschel, Legitimation, S.222.
[33]  Danyel, Jürgen/Groehler, Olaf/Kessler, Mario, Antifaschismus und Verdrängung. Zum
      Umgang mit der NS- Vergangenheit in der DDR, in: Kocka, Jürgen/Sabrow, Martin (Hg.),
      Die DDR als Geschichte. Fragen- Hypothesen- Perspektiven, Berlin 1994 (Zeithistorische
      Studien Bd.2), S.152.

## II. Analyseansätze

### II.1 Feindbildanalyse

Jede Art von Politik besteht immer auch aus symbolischen Formen.[34] Für die meisten Menschen ist Politik eine „Parade abstrakter Symbole", sie verkörpert eine Welt mit starken ideologischen und gefühlsmäßigen Assoziationen.[35] Jedes Symbol steht für etwas, es evoziert Einstellungen, Eindrücke oder Ereignisse, die mit ihm zeitlich, räumlich, logisch oder in der Einbildung verbunden sind. Als Verdichtungssymbole bezeichnet Edelman Symbole, die Emotionen, die mit einer Situation verknüpft sind, wecken. Sie können unter anderem Ängste oder Patriotismus auslösen und sie sind dort im Spiel, wo die dauernde Überprüfbarkeit an der erfahrbaren Wirklichkeit unterbleibt. Eine symbolische Form dieser Art ist der Mythos.[36] In der Politik meint dies eine gewisse politische Überzeugung, die zur Abarbeitung sozialer Spannungen dient. Für viele Menschen ist charakteristisch, dass sie in Stereotypen, Personalisierungen und Vereinfachungen denken.[37] Da sie uneindeutige oder komplexe Situationen nicht wahrnehmen oder ertragen können, reagieren sie auf vereinfachende Symbole. Mythos bezeichnet also „den Glauben einer großen Anzahl von Menschen, der Ereignissen und Handlungen eine bestimmte Bedeutung verleiht".[38] Gerade zur Zeit des Kalten Krieges war die Unsicherheit über Absichten des Gegners groß, dementsprechend auch die Bereitschaft der Massen, Deutungsmuster zu übernehmen. Nicklas und Ostermann sehen in Vorurteilen und Stereotypen die Mythen der heutigen Gesellschaft.[39] Politische Mythen können auch Feinde definieren, die gegen das nationale Interesse Ränke schmieden und vernichtet werden müssen.[40] Durch politische Propaganda können diese Feindbilder gezielt produziert oder verstärkt werden.[41] Kommunistische Systeme, deren Ideologie den Klassenkampf bis zur Weltrevolution umfasst, sind zur Durchsetzung ihrer Ziele auf Feindbilder angewiesen.[42] Das „sozialistische Geschichtsbild" gründet seine Geschlossenheit auf die Dichotomie von Selbst-und Feindbild und fußt auf der ideologischen Durchdringung der Gesellschaft.[43] Da das mythische Denken alles in polare Gegensät-

---

[34] Edelman, Murray, Politik als Ritual. Die symbolische Funktion staatlicher Institutionen und politischen Handelns, Frankfurt/Main, New York 1976, S. 1.

[35] Ebd. S. 4 f.

[36] Ebd. S. 13 ff.

[37] Ebd. S. 29.

[38] Ebd. S. 74.

[39] Ostermann, Änne/Nicklas, Hans, Vorurteile und Feindbilder, München/Berlin/Wien 1976, S. 19.

[40] Edelmann, Politik als Ritual, S. 75.

[41] Flohr, Anne Katrin, Feindbilder in der internationalen Politik. Ihre Entstehung und ihre Funktion, Münster /Hamburg 1991, S. 9.

[42] Ebd. S. 107.

[43] Sabrow, Martin, Geschichtskultur und Herrschaftslegitimation. Der Fall DDR, in: ders. (Hg.), Verwaltete Vergangenheit. Geschichtskultur und Herrschaftslegitimation in der DDR, Leipzig 1997 (Geschichtswissenschaft und Geschichtskultur im 20. Jahrhundert, Bd. 1), S. 13.

ze spaltet, wird Rechtschaffenheit und Reinheit für die eigene Seite beansprucht, während man dem Feind alles Böse und Feindselige zuschreibt.[44] Positive Eigenschaften werden diesem Schwarz-Weiß-Denken entsprechend verschwiegen.[45] Typischerweise wird der Feind enthumanisiert und Individuen des entsprechenden Staates die Vielgestaltigkeit genommen.[46] Man bezeichnet den Gegner als gefährliches Tier oder Krankheitserreger, um seine Vernichtung zu rechtfertigen.[47] Der Feind wird zur „Leerformel", der man jede Art von Bedrohung zuordnen kann. Er kann zum „absoluten und totalen Bösen" werden.[48] Nur so können Massen gegen ihn in Bewegung gesetzt werden. Oder er tritt als Agent des Todes in Erscheinung, der für massives Leiden verantwortlich ist.[49] Ein weiterer Bestandteil der Feindbildkonstruktion ist die Darstellung des Anderen als Barbaren, als Kulturzerstörer.[50] Er gilt als grobschlächtig, roh und unzivilisiert, steht also in der Entwicklung im Vergleich zu einem selbst zurück, ist „primitiv". Außerdem ist das Bild des Feindes das Bild eines unersättlichen und aggressiven Gegners, der keine legitimen Grenzen oder vernünftige Schranken beachtet.[51] Der Feind wird im höchsten Maße kriminalisiert, wobei das Volk selbst unschuldiges Opfer einer korrupten, illegitimen und gewalttätigen Regierung ist.[52] Dazu kommt, dass der Feind Spaß an Greuel und Mord hat, also sadistisch handelt.[53] Dabei wird die eigene Gewalt gegen Feinde als „gerechte Gewalt" der „kriminellen Gewalt" gegenübergestellt.[54] Die eigenproduzierte Gewalt ist die vom Gegner erzwungene, und man spürt keinerlei Lust bei ihrer Ausübung.[55] Flohr spricht in diesem Fall vom „doppelten Maßstab".[56]

Zweck des Feindbildaufbaus ist neben der Abgrenzung und der Abarbeitung innerer Spannungen, dass jeglicher Kontakt oder Informationsaustausch mit dem Gegner vermieden wird, womit gleichzeitig gewährleistet wird, dass das Bild vom Anderen nicht korrigiert werden kann.[57] Zudem können Feindbilder als „Integrationsideologien" verstanden werden, die die Akzeptanz des eigenen Systems und den innergesellschaftlichen Wertekonsens bekräftigen sollen.[58] Ein fest definiertes Bild vom Feind bewirkt schließlich eine selektive Wahrnehmung, das heißt, es werden nur diejenigen Informationen verarbeitet, die dem etablierten

---

[44] Keen, Sam, Bilder des Bösen. Wie man sich Feinde macht. Aus dem amerikanischen übersetzt von Rüdiger Runge, Weinheim/Basel/Beltz 1987, S. 16-18.
[45] Flohr, Feindbilder, S. 42.
[46] Keen, Bilder des Bösen, S. 24.
[47] Ebd. S. 58.
[48] Ebd. S. 32.
[49] Ebd. S. 62.
[50] Ebd. S. 41.
[51] Keen, Bilder des Bösen, S. 46.
[52] Ebd. S. 48 f.
[53] Ebd. S. 55.
[54] Ebd. S. 50.
[55] Ebd. S. 55.
[56] Flohr, Feindbilder, S. 64.
[57] Ebd. S. 30.
[58] Ebd. S. 131 f.

Denkschemata entsprechen.[59] Alle anderen werden entweder ignoriert oder so verzerrt, dass sie zum bestehenden Bild passen. Typisch ist nach Flohr auch das „Worst- case -Denken". Demnach strebt die Gegenseite nach dem optimalen Nutzen für sich selbst und nach dem maximalen Schaden für die eigene Seite.[60] Ein letzter Faktor, der bei der Feindbildkonstruktion eine Rolle spielt, ist die sogenannte „Projektion".[61] Darunter versteht man die Übertragung eigener Merkmale, die nicht ins Selbstbild passen, auf den Anderen. Als Mythen spielen Feindbilder auch bei politischen Skandalen eine wesentliche Rolle.

### II.2 Skandal und Skandalisierung

Die vorhandene Skandalliteratur bezieht sich vor allem auf Skandale innerhalb liberaler Demokratien, in denen sie nach einstimmiger Meinung zu einer moralischen Reinigung und Festigung der sozialen Ordnung beitragen.[62] In autoritären Regimen ist ein Skandal eine Seltenheit, da es die Instanz der Öffentlichkeit nicht gibt.[63] In dieser Arbeit geht es nun um die Skandalisierung eines feindlichen Systems. Trotzdem sind die Mechanismen und Ziele von Skandal und Skandalisierung für die Analyse brauchbar, denn Skandale liefern wiederum Feindbilder zur sozialen Integration.[64] Zudem soll der Skandalisierte durch den Skandal seine Glaubwürdigkeit verlieren[65], und die Diskreditierung westdeutscher Politiker als Repräsentanten der Bundesrepublik musste den Machtinhabern in der DDR entgegenkommen-gerade um ihrer Legitimation im In-und Ausland willen.

Der Begriff „Skandal" wird in Lexikas fast durchgängig als „anstößiges Ereignis" oder als „Lärm" definiert.[66] Ursprünglich war mit Skandal das Stellhölzchen in einer Falle gemeint, das Anlass zum Straucheln und Stürzen gibt. Heute bezeichnet er die Anprangerung einer Regelverletzung. Ein politischer Skandal ist „ein komplexes soziales Ereignis, bei dem ein sozial signifikantes, kontextual gebundenes, öffentlich-politisches Ärgernis in personalisierter und dramatisierter Form (re)präsentiert und medial verbreitet wird".[67] Dabei werden unter Einsatz von Metaphern, Symbolen und Mythen politische Menschen-, Gesell-

---

[59] Flohr, Feindbilder, S. 50.

[60] Ebd. S. 55 f.

[61] Ebd. S. 69.

[62] Vgl. u.a. Markovits, Andrei S./Silverstein, Mark, Macht und Verfahren. Die Geburt des politischen Skandals aus der Widersprüchlichkeit liberaler Demokratien, in: Ebbighausen, Rolf/Neckel, Sighard (Hg.), Anatomie des politischen Skandals, Frankfurt/Main 1989, S. 154.

[63] Neckel, Sighard, Das Stellhölzchen der Macht. Zur Soziologie des politischen Skandals, in: Ebbighausen, Rolf/Neckel, Sighard (Hg.), Anatomie des politischen Skandals, Frankfurt/Main 1989, S. 67.

[64] Markovitz/Silverstein, Macht und Verfahren, S. 153 f.

[65] Hitzler, Ronald, Skandal ist Ansichtssache. Zur Inszenierungslogik ritueller Spektakel in der Politik, in: Ebbighausen, Rolf/Neckel, Sighard (Hg.), Anatomie des politischen Skandals, Frankfurt/Main 1989, S. 348.

[66] Schoeps, Julius H. (Hg.), Der politische Skandal, Stuttgart/Bonn 1992, S. 7.

[67] Käsler, Dirk u.a., Der politische Skandal. Zur symbolischen und dramaturgischen Qualität von Politik, Opladen 1991, S. 13.

schafts- und Weltbilder erzeugt, stabilisiert und verändert.[68] Unter Personalisierung versteht Käsler „jene gesellschaftlichen Vorgänge, in denen und durch die eine Person als politisches Symbol funktioniert und funktioniert wird". Ein Politiker beispielsweise verkörpert dann nicht nur eine politische Position, sondern ausgewählte Aspekte des Menschseins schlechthin, kann demnach auch zum Feindbild werden.[69] Es geht dann jedoch nicht so sehr um die Symbolisierung eines Individuums, sondern einer ganzen Gruppe wie einer Partei, eines Staates oder einer Nation.[70] Die Person bzw. Gruppe wird in eine „schaupolitische Rolle", in ihr „Image" oder ihren Mythos gezwängt. Der Skandalisierte ist die Symbolfigur für eine Regelverletzung, die man allen Inhabern der Macht vorwerfen kann.[71]

Einen Skandal kennzeichnet eine moralische Verfehlung, ganz gleich, ob wirklich begangen oder nicht.[72] Weiter muss diese Verfehlung enthüllt und veröffentlicht werden, um dann eine weithin geteilte Empörung hervorrufen. Es ist diese Entrüstung erst, die den Skandal schafft.[73] Demnach muss die Öffentlichkeit den Normbruch aber auch als einen solchen empfinden. Jeder Skandal besteht aus der „Skandaltriade" Skandalisierer, Skandalisierter und Skandalpublikum.[74] Er entspricht einem „rituellen Darstellungsmuster", der Skandalisierer nutzt verschiedene rhetorische Mittel wie Polemik, Diffamierung, Pauschalisierung oder ironische Verkehrung, um Identifikation, Mobilisierung und Solidarisierung beim Skandalpublikum zu bewirken. Der Skandalisierer muss versuchen, das Publikum für sich einzunehmen, es zu reizen und zu provozieren.[75] Sonst läuft er Gefahr, sich selbst zum Narren zu machen.[76] Um Reaktionen der Öffentlichkeit hervorzurufen, gilt es besonders deren Schädigung zu betonen. „Skandalierungsanfällig" sind Personen mit einer gesellschaftlichen Position, die in der Öffentlichkeit mit bestimmten Erwartungen verbunden ist.[77] Als Repräsentanten bestimmter Institutionen sind sie stark an das institutionsspezifische Normensystem gebunden und werden daher nach härteren als sonst üblichen sozialen Maßstäben gemessen.[78] Sie sind der Öffentlichkeit bekannt, gerade durch die Medien, und eignen sich auch deshalb besonders als Skandalisierungsobjekte, um bestimmte politische Absichten durchzusetzen. Skandalisierung und skanda-

---

[68] Käsler, Der politische Skandal, S. 28.

[69] Ebd. S. 29.

[70] Ebd. S. 31.

[71] Schmitz, Christian, Die Kunst des Skandals. Über die Gesetzmäßigkeit übler und nützlicher Ärgernisse, München/Bern/Wien 1967, S. 318.

[72] Hondrich, Karl Otto, Skandale als gesellschaftliche Lernmechanismen, in: Schoeps, Julius H. (Hg.), Der politische Skandal, Stuttgart/Bonn 1992, S. 179.

[73] Bredow, Wilfried von, Legitimation durch Empörung. Vorüberlegungen zu einer politischen Theorie des Skandals, in: Schoeps, Julius H. (Hg.), Der politische Skandal, Stuttgart/Bonn 1992, S. 200.

[74] Hitzler, Skandal ist Ansichtssache, S. 346-348.

[75] Silbermann, Alphons, Vom Skandal und dem Mythos der öffentlichen Meinung, in: Schoeps, Julius H. (Hg.), Der politische Skandal, Stuttgart/Bonn 1992, S. 39.

[76] Hitzler, Skandal ist Ansichtssache, S. 349.

[77] Schmitz, Theorie und Praxis, S. 98.

[78] Ebd. S. 100.

lisiertes Verhalten sind immer nur Instrumente in einem Machtkonflikt. Es geht nicht um das eigentliche Problem der Verfehlung und nicht immer um den Skandalisierten, sondern um den angestrebten politischen Effekt, den ein Skandal auslöst.[79] Die Konzentration des Skandalisierers auf einzelne Personen oder Personengruppen und deren individuelles Versagen zielt auf die Verschleierung der eigenen politischen Absicht.[80] Schon deshalb wird er seine Interessen als die seines Publikums präsentieren müssen. Ein Skandal wird von den Medien generell in unterhaltsamer Weise aufbereitet, um das Bedürfnis der Menschen nach emotionaler Teilnahme am Zeitgeschehen zu befriedigen.[81]

Welche Methoden Schnitzler anwendet, um Personen und Institutionen der Bundesrepublik zu skandalisieren und sie zu Feinden der ost- wie westdeutschen Zuschauer zu machen, soll diese Arbeit aufzeigen. Dabei ist die Konstruktion von Feindbildern vor allem für die eigene Bevölkerung wichtig, denn sie soll ja „immunisiert" werden gegenüber der Bundesrepublik. Eine Mobilisierung gegen das westdeutsche System und ihre Repräsentanten kann natürlich nur von den Bundesbürgern erwartet werden.

---

[79] Schmitz, Theorie und Praxis, S. 105-108.
[80] Ebd. S. 121.
[81] Ebd. S. 114.

# III. Das Fernsehen der DDR bis zum 8. Parteitag

## III.1 Organisation und Funktion

Anlass des Starts des DDR-Fernsehens am 21.12.1952 waren der Geburtstag Stalins und das Bemühen, an diesem „Ehrentag" der westdeutschen Bildschirmpremiere um vier Tage zuvor zu kommen.[82] Nach einer dreijährigen Versuchsphase begann am 3.1.1956 das reguläre Fernsehprogramm seine Sendetätigkeit im Fernsehzentrum Berlin-Adlershof.[83] Im November 1957 wurden bereits 62 Prozent der Fläche der DDR einwandfrei mit dem „Deutschen Fernsehfunk" (DFF) abgedeckt.[84] Die Ausbreitung des Fernsehens in der DDR konnte, gemessen an der Bevölkerung, mit dem in der Bundesrepublik mithalten.[85] 1960 war in der DDR eine Fernsehdichte – gemessen an der Bevölkerungszahl von 17 Millionen – von 6,1 Prozent erreicht. Ende 1965 verfügte bereits jeder zweite Haushalt in der DDR über ein Fernsehempfangsgerät.[86] Erfreute sich das Fernsehen in den fünfziger Jahren zunächst noch nicht an all zu starkem Interesse der politischen Führung, wuchs dieses aber mit seiner wachsenden Ausbreitung.[87] 1959 erklärte auch der Intendant des DFF, Heinz Adameck, das Fernsehen der DDR zum „gesellschaftlichen Faktor ersten Ranges"[88]:„Im Fernsehen der DDR besitzen Partei und Regierung eine neue Waffe, deren Wirkung den Rundfunk [...] übertrifft." Die Ostdeutschen sähen im „Fernsehen des ersten Arbeiter-und-Bauern-Staates" „ihr" Fernsehen. Für die westlichen Zuschauer sei es „Stimme und Bild" des Friedens. Zum ersten Mal offiziell als Träger ideologisch-politischer Massenarbeit wurden die Massenmedien 1963 im Programm der SED bezeichnet.[89]

Im Gegensatz zum föderal organisierten westdeutschen Rundfunksystem stand das ostdeutsche Fernsehen von Anfang an im Zeichen der Zentralisierung.[90] Für die Anleitung sowohl des Fernsehens als auch des Hörfunks war die ersten Jahre das Rundfunkkomitee zuständig.[91] 1968 wurden getrennte Staatliche Komitees für beide Medien gegründet. Für das Fernsehen war von nun an das „Staatliche Komitee für Fernsehen beim Ministerrat der DDR" unter dem Vorsitzenden Adameck verantwortlich.[92] Es hatte die Funktion einer Intendanz und leitete die technischen sowie Programmbereiche des ersten und des seit 1969 bestehenden zweiten Programms an. Die Medienlenkung und Indienstnahme der Medien

---

[82] Geserick, 40 Jahre, S. 67.
[83] Ebd. S. 68-70.
[84] Eberle, Hendrik, Kopfdressur. Zur Propaganda der SED in der DDR, Asendorf 1994, S. 83.
[85] Hickethier, Geschichte des deutschen Fernsehens, S. 182.
[86] Scholz, Horst, Zur Nutzung der Fernsehempfangsgeräte in den Privathaushalten, in: Radio und Fernsehen 1966, Nr. 22, S. 675.
[87] Hickethier, Geschichte des deutschen Fernsehens, S. 184.
[88] Adameck, Heinz, Unser Fernsehfunk vor neuen Aufgaben, in: Neue deutsche Presse 1959, Nr. 10, S. 46.
[89] Riedel, Hörfunk und Fernsehen in der DDR, S. 10.
[90] Geserick, 40 Jahre, S. 71.
[91] Ebd. S. 67 f.
[92] Riedel, Hörfunk und Fernsehen in der DDR, S. 38.

diente zur Unterdrückung der Meinungsfreiheit.[93] Mittels Agitation und Propaganda sollten die Medien die DDR-Bürger indoktrinieren und so den Machterhalt der Partei sichern.

An der Spitze der SED-Medienbürokratie stand der Generalsekretär. Ulbricht und Honecker mischten sich beide nachhaltig in die Medienlenkung ein. Ihnen zur Seite stand der ZK-Sekretär für Agitation und Propaganda. Diese Funktion übte von 1955 bis 1967 Albert Norden aus, ihm folgte bis 1978 Werner Lamberz.[94] Dem ZK-Sekretär unterstand die Agitationskommission beim Politbüro und die ZK-Abteilung Agitation.[95] Letztere war für die direkte Anleitung des Komitees für Fernsehen zuständig, erteilte Sprachregelungen und kontrollierte deren Befolgung. In der Agitationskommission, die jeweils dienstags nach den Politbürositzungen statt fand, erläuterte der Sekretär vor wenigen ausgewählten SED-Spitzenjournalisten aus Presse, Hörfunk und Fernsehen die für die Berichterstattung bedeutsamen Beschlüsse des Politbüros. Zusätzlich versammelten sich donnerstags 60 bis 80 leitende Ostberliner SED-Journalisten und Medienfunktionäre beim Leiter der ZK-Abteilung Agitation zur sogenannten „Donnerstags-Argu". Hier wurden notwendige Hintergrundinformationen vermittelt, die jedoch ausdrücklich nicht zur Veröffentlichung bestimmt waren. Außerdem erhielten die Teilnehmer „Empfehlungen" für die Berichterstattung, die selbstverständlich bindend waren und an ihre Redaktionen weitergeleitet werden sollten. Die Gleichförmigkeit der Medien wurde letztlich durch tägliche Telefonate oder Fernschreiben aus der ZK-Abteilung Agitation oder aus dem Allgemeinen Deutschen Nachrichtendienst (ADN), dem Nachrichtenmonopolisten in der DDR, vollends gewährleistet. Agitationsabteilung und -kommission übten beide eine Nachzensur aus.[96]

### III.2 Programm- und Magazingeschichte

Mit dem Überschreiten der Millionengrenze der angemeldeten Fernsehgeräte Ende 1960 war das Fernsehen zu einem Massenmedium geworden und es erwies sich als notwendig, das Programmangebot und -volumen des DFF weiter auszubauen.[97] Mit der Gründung der Intervision als Pendant zur Eurovision am 30. Januar verbesserten sich die Möglichkeiten zum Programmaustausch.[98] 1960 wurde beispielsweise eine Spätausgabe der Nachrichtensendung „Aktuelle Kamera" eingeführt.[99] Im Sinne des Veständnisses des Fernsehens als „kollektiven Organisator" gab es hier in den Beiträgen auch direkte Aufforderungen zur Aktion. Meist handelte es sich hierbei um Kampagnen gegen die Bundesrepublik. Bereits seit 1956 lief jeden Mittwoch „Treffpunkt Berlin" unter der Leitung von Karl-Eduard von Schnitzler. Hier kamen politische Experten zusammen, um ein Thema zu diskutieren, dessen Ergebnis allerdings vorher schon weitgehend fest-

---

[93] Holzweißig, Gunter, Die schärfste Waffe der Partei, S. 8 f.
[94] Holzweißig , Gunter, Zensur ohne Zensor, Bonn 1997, S. 21.
[95] Holzweißig, Die schärfste Waffe der Partei, S. 9 f.
[96] Holzweißig, Zensur ohne Zensor, S. 29.
[97] Hickethier, Geschichte des deutschen Fernsehens, S. 186.
[98] Kreutz/Löcher/Rosenstein, Von „AHA" bis „Visite", S. 26.
[99] Hickethier, Geschichte des deutschen Fernsehens, S. 187 f.

gelegt wurde. Nach Adameck ging es bei dieser Form der Diskussion um „Kernprobleme des politischen Kampfes und des gesellschaftlichen Lebens". Als „Lehrgespräch" sollte die Sendung den Zuschauer durch ein genau kalkuliertes Für und Wider zu einer bestimmten vorgefassten Position bringen. In die Zeit des Programmausbaus und der unmittelbaren ideologisch-operativen Einbindung von Fernsehsendungen in die SED-Politik fällt auch die Entstehung des „Schwarzen Kanals" als politisches Magazin.[100]

Bei einem Fernsehmagazin handelt es sich um eine „historisch gewachsene non-fiktionale Fernsehgattung" mit einer spezifischen Geschichte der Ausdifferenzierung von Untergattungen.[101] Charakteristisch ist das Baukastenprinzip, also die Zusammenfassung mehrerer Einzelbeiträge zu einer Gesamtsendung. Ein Moderator kommentiert die Beiträge und setzt sie zueinander in Beziehung. In der Regel erscheinen Magazine periodisch zu festen Sendezeiten und stets unter gleichem Titel. Das aus dem Printbereich und Hörfunk bekannte Magazinformat musste im Fernsehen erst erprobt werden, bis sich adäquate Formen für das neue Medium herausbildeten. Anfang der 60er Jahre setzte sich mit „Prisma" in der DDR schließlich das Fernsehmagazin als klar konturierte Formvariante durch. DDR-spezifisch war die informationspolitische Tendenz der Magazine, die „Agitation durch Tatsachen" einschloss.[102] Nach dem Mauerbau erlaubte die Stabilisierung der DDR neue Spielräume für die kulturelle Entwicklung.[103] Auch beim Fernsehen wurde man experimentierfreudiger, es gab sogar die Möglichkeit zu „kanalisierter Kritik". In der ersten Hälfte der 60er Jahre wurden die Aufgaben „Bildung" und „Erziehung" noch wichtiger als „Information" und „Unterhaltung" erachtet. Neben regelmäßigen Bildungssendungen entwickelte sich die Magazinvariante Wirtschaftsmagazin heraus, da dem Faktor Wirtschaft bei der Konsolidierung des SED-Staates und beim Aufbau des Sozialismus Anfang der 60er Jahre eine hohe Bedeutung zukam. In diese Zeit fällt zudem die Entstehung des Wissenschaftsmagazins „Umschau" und des innenpolitischen Magazins „Prisma", das nach Konzeption des westdeutschen „Panorama" realisiert wurde. Das außenpolitische Magazin „Objektiv" entstand 1965.[104]

Für die zweite Hälfte des Jahrzehnts lässt sich eine Verschiebung der Programmgestaltung in Richtung mehr Unterhaltung konstatieren. Medienpolitische Entscheidungen beruhten nicht mehr auf „vorrangig normativen" Vorgaben, sondern auf empirischen Befunden, die die Bedeutung des Faktors Unterhaltung für die Zuschauer erkennen ließen. Seit Anfang 1968 ermittelte die Abteilung Zuschauerforschung zweimal monatlich mit kleinen Stichproben „Sofortresonanzen" und führte 1967/68 Intensivbefragungen über verschiedene Fernsehsendungen durch.[105] Die Ergebnisse der Zuschauerforschung führten zu einer Veränderung der Programmstruktur am 2. Januar 1967. Sie ermöglichten die Interessen verschiedener Zielgruppen zu bestimmen und diese mit speziellen Sen-

---

[100] Kreutz/Löcher/Rosenstein, Von „AHA" bis „Visite", S. 32.
[101] Ebd. S. 11 f.
[102] Ebd. S. 13.
[103] Ebd. S. 35 f.
[104] Ebd. S. 37 f.
[105] Ebd. S. 39.

dungen zu befriedigen. Auch die Etablierung eines zweiten Programms am 3. Oktober 1969, die mit der Einführung des Farb-Fernsehens gekoppelt wurde und als Kontrastprogramm zum ersten dienen sollte, führte zu einer Bereicherung. Als Antwort auf die unterschiedlichen Zielgruppen starteten beispielsweise magazinförmige Sportsendungen wie „Sportarena" oder „Sportreporter".[106] Zu den markantesten Magazinen im Zeitraum zwischen 1965 und 1970 gehörten die „Fernseh-Urania", ein 1966 eingeführtes Wissenschaftsmagazin, und das Jugendmagazin „Kompaß". Beide Sendungen widmeten sich dem ideologischen „Überbau" und waren somit charakteristisch für die Phase einer ideologischen Neuorientierung, die von Ulbricht nach 1966 initiiert worden war. Demnach sollte sich die Jugend die Theorie des Marxismus- Leninismus schon früh aneignen und sich von der völligen Anpassung an die Sowjetunion lösen, um statt dessen der DDR selbst Modellcharakter zuzusprechen.

Mit dem 8. Parteitag traten wesentliche Veränderungen im Bereich der Programmgestaltung ein.[107] Rundfunk und Fernsehen erhielten vom Politbüro die Weisung, stärker als bisher noch als „Instrumente der marxistisch-leninistischen Partei und des sozialen Staates" zu agieren und westliche Einflüsse abzuwehren. Damit entstand ein latenter „Zielkonflikt zwischen politisch-ideologischem Auftrag" und den Zuschauerbedürfnissen nach Information und Unterhaltung, denn Zugeständnisse an den Publikumsgeschmack waren nötig, schon aufgrund der Konkurrenzsituation zum Westfernsehen.[108] Honecker sah die Massenmedien als „Tribüne des Volkes", mit deren Hilfe die Werktätigen ihre „fortgeschrittensten" Erfahrungen austauschen sollten.[109] Die Rolle des Fernsehens selbst änderte sich aber nicht. Es diente, wie die anderen Medien auch, weiterhin der „einseitigen Vermittlung von Botschaften von Oben nach Unten".

### III.3 Journalisten und Parteilichkeit

In der DDR war die Freiheit der Presse, des Rundfunks und des Fernsehens sowie die Meinungsfreiheit in der Verfassung, Artikel 27, garantiert.[110] Da die SED aber bestimmte, wie der sozialistische Aufbau in der DDR voranschreiten sollte, wurde von ihr unter Recht auf „Pressefreiheit" und „freie Meinungsäußerung" verstanden, ihre Meinung und Beschlüsse zu vertreten und zu deren Verwirklichung beizutragen.[111] Die Journalisten hatten die Aufgabe, die in der DDR-Verfassung artikulierte Überzeugung, dass nur in der sozialistischen Gesellschaft menschliche Ideale voll befriedigt werden können, den Menschen stetig bewusst zu machen. Erkannte der Bürger die Gesetzmäßigkeiten der sozialistischen Gesellschaft, geriet er auch nicht in Widerspruch zu den Herrschenden. Pressefreiheit in kapitalistischen Staaten wurde hingegen als „Freiheit" definiert, „die öffentliche Meinung im Interesse der Bourgeoisie zu bestechen".

---

[106] Kreutz/Löcher/Rosenstein, Von „AHA" bis „Visiste", S. 39 f.
[107] Ebd. S. 43.
[108] Ebd. S. 45.
[109] Hickethier, Geschichte des deutschen Fernsehens, S. 383 f.
[110] vgl. Lohmann, Ulrich (Hg.), Verfassung und Programm der DDR, Berlin/New York 1977, S. 32.
[111] Riedel, Hörfunk und Fernsehen in der DDR, S. 128.

Wesensmerkmal jedes gesellschaftlichen Tätigkeitsbereiches in der DDR, auch des Journalismus, war die Parteilichkeit.[112] Parteilichkeit meinte Klassengebundenheit, also die Bewertung von Ereignissen, Aussagen und Theorien vom Standpunkt einer bestimmten Klasse aus.[113] Das philosophische Wörterbuch definiert Parteilichkeit als „Wesenszug aller Formen des gesellschaftlichen Bewusstseins in der Klassengesellschaft, Ausdruck ihres Klassencharakters und ihrer Klassengebundenheit".[114] Es ist ein Prinzip, das den „objektiven Wahrheitsgehalt, das kämpferische, revolutionäre Wesen und die konsequente offene Parteinahme des Marxismus-Leninismus für die Sache der Arbeiterklasse und den Sozialismus-Kommunismus, für den Fortschritt der Menschheit überhaupt deutlich macht". Aufgabe des Journalisten war die „konsequente Abrechnung mit der extrem reaktionären Ideologie des Imperialismus, mit dem Faschismus" und die „Polemik gegen die menschen-und fortschrittsfeindliche politische Praxis und die demagogischen Theorien des Imperialismus und namentlich des deutschen Imperialismus".[115] Auf der Grundlage einer überzeugenden Darstellung des Charakters der Epoche, der Entwicklung des internationalen Kräfteverhältnisses sowie der Ziele und Erfolge des sozialistischen Aufbaus, sollte jeder Werktätige die Welt mit ihren Widersprüchen erkennen und die Klassenbarrikaden sehen, die Sozialismus und Kapitalismus voneinander abgrenzten.[116] Vor allem sollte der Journalist die Medien der Bundesrepublik als „Medien des Klassengegners und der völkerrechtlichen Einmischung in die Angelegenheiten der DDR" bloß stellen und deren Methoden der Manipulation und Einmischung überzeugend nachweisen. Langfristig vorausehbaren Kampagnen des Gegners, beispielsweise zu bestimmten historischen Ereignissen, galt es durch gezielte Präventivinformation zuvorzukommen. Bestimmte „Falschinformationen" der imperialistischen Medien sollten in der direkten Polemik entlarvt und widerlegt werden. Im Sozialismus diente sowohl das, worüber informiert werden sollte, als auch das, worüber nicht informiert werden durfte, der Entwicklung der sozialistischen Persönlichkeiten.[117] Von Journalisten wurde also eine „ideologische Selbst-Zensur"[118] verlangt, wollten sie ihren Beruf ausüben. Welche Ideologie Schnitzler in seine Sendung mitbrachte, zeigt der folgende Abschnitt.

---

[112] Ludes, DDR-Fernsehen intern, S. 307.

[113] Stader, Frank, Überlegungen zur Parteilichkeit des sozialistischen Journalisten. Das Verhältnis von Klassengebundenheit und Parteilichkeit und der allgemeine Parteilichkeitsbegriff, in: Theorie und Praxis des sozialistischen Journalismus 1980, Nr. 4, S. 390.

[114] Klaus, Georg/Buhr, Manfred (Hg.), Philosophisches Wörterbuch, Leipzig 1964, s.v. „Parteilichkeit".

[115] Hamann, Peter, Der Journalismus der DDR in der ideologischen Auseinandersetzung mit dem Imperialismus, in: Theorie und Praxis des sozialistischen Journalismus 1980, Nr. 2, S. 114 f.

[116] Ebd. S. 116.

[117] Zagatta, Martin, Informationspolitik und Öffentlichkeit. Zur Theorie der politischen Kommunikation in der DDR. Mit einer Fallstudie zur Einführung des Wehrunterrichts, Köln 1984 (Wissenschaft und Politik, Bd. 31), S. 42.

[118] Riedel, Hörfunk und Fernsehen in der DDR, S. 129.

# IV. Karl-Eduard von Schnitzler und „Der schwarze Kanal"

## IV.1 Zu Schnitzler

### IV.1.1 Biografie

Karl-Eduard von Schnitzler wurde am 28. April 1918 als jüngster Sohn eines von Kaiser Wilhelm geadelten preußischen Generalkonsuls in Berlin geboren.[119] Aufgewachsen ist Schnitzler in Köln, wo er das Deutsche Kolleg in Bad Godesberg besuchte.[120] Nach eigener Aussage hatte er schon früh etwas gegen seinen feudal klingenden Vornamen und ließ sich nach seinem Eintritt in die Sozialistische Arbeiterjugend (SAJ) 1932 von seinen Genossen schlicht „Kled" nennen.[121] Seine Teilnahme an der letzten Liebknecht-Luxemburg-Lenin-Demonstration vor Hitlers Machtantritt in Friedrichsfelde bezeichnet er in seiner Autobiografie als „Pflicht und Bedürfnis" zugleich.[122] Zu der Zeit sei ihm auch bewusst geworden, dass allein der Bruch mit seiner Klasse und die Annahme der Position der Arbeiterklasse der einzig mögliche Weg in ein sinnvolles Leben sein würde.[123] Als Schlüsselerlebnis habe ihm dabei gedient, dass seine Verwandtschaft Hitler unterstützte, unter anderem nennt er den Bankier Kurt v. Schröder und seinen „IG-Farben-Vetter" Georg Schnitzler. 1938 begann Schnitzler ein Medizinstudium in Freiburg, der Aufforderung, Mitglied des Nationalsozialistischen Deutschen Studentenbundes zu werden, kam er nicht nach und wurde relegiert.[124] Bevor er Freiburg verließ und zu seiner Familie nach Köln zurückzog, rettete er nach eigener Aussage einer Halbjüdin das Leben, indem er sie über die Grenze in die Schweiz fuhr. In Köln absolvierte Schnitzler eine kaufmännische Lehre und gab sich nach außen hin als gemäßigter Nazi. Am Zweiten Weltkrieg nahm er in einem Artillerie-Regiment teil.[125] Nur wenige Tage nach Beginn der westalliierten Invasion in Frankreich geriet er schließlich in britische Gefangenschaft und wurde nach einer „Umerziehung" im Lager Ascot mit deutschen Emigranten und anderen Kriegsgefangenen für den Einsatz im deutschen Nachkriegsrundfunk vorbereitet. Der erste und einzige Schuss, den er im Krieg abgegeben haben soll, traf einen SS-Obersturmführer und ermöglichte ihm praktisch den „Übergang" zu den Briten.[126] Diese Aussage ist vermutlich in Hinblick auf seine spätere Selbstdarstellung als „politischer Flüchtling" des Faschismus konstruiert. Schnitzler arbeitete seit 1944 für den BBC, seine kommunistische Einstellung

---

[119] Fricke, Karl Wilhelm, Ein Schmock. Von Schnitzler – in Ulbrichts Diensten, in: Die politische Meinung 1964, Nr. 96, S. 50.

[120] Kutsch, Das Ende des „Schwarzen Kanals", S. 250.

[121] Schnitzler, Karl-Eduard von, Meine Schlösser oder Wie ich mein Vaterland fand, Hamburg 1995, S. 9 f.

[122] Ebd. S. 21.

[123] Ebd. S. 33-37.

[124] Gerlof, Kathrin, Gegenspieler. Gerhard Löwenthal und Karl-Eduard von Schnitzler, Frankfurt/Main 1999, S. 22 f.

[125] Kutsch, Das Ende des „Schwarzen Kanals", S. 250.

[126] Schnitzler, Meine Schlösser, S. 99.

führte aber in London zu Spannungen mit seinem Vorgesetzten.[127] 1945 wurde Schnitzler nach Hamburg entlassen, wo er zunächst für den Nordwestdeutschen Rundfunk (NWDR) arbeitete.[128] Schon ab 1946 sollte Schnitzler als Leiter der politischen Abteilung und Amtierender Intendant den Kölner Sender des NWDR aufbauen.[129] Nach nur eineinhalb Jahren bekam Schnitzler wegen seiner kommunistischen Haltung erneut Probleme. Angesichts des sich anbahnenden Kalten Krieges entließ ihn die britische Besatzungsmacht.[130] Schnitzler siedelte in die Sowjetische Besatzungszone (SBZ) über, wo er seine journalistische Laufbahn fortsetzte. Ab 1948 kommentierte er am Berliner Rundfunk sowie am Deutschlandsender und trat im selben Jahr in die SED ein.[131] Er wollte das „von" aus seinem Namen tilgen, aber Ulbricht bat, davon abzusehen, um die Leute wissen zu lassen, wer alles für den Sozialismus stritt.[132] Nachdem er 1951 den Grundlehrgang in Marxismus-Leninismus an der Hochschule der Einheitspartei absolviert hatte, wurde Schnitzler Chefkommentator des Fernsehens.[133] Ende der 60er Jahre übernahm er den stellvertretenden Vorsitz des „Staatlichen Komitees für Fernsehen".[134] Schnitzler gehörte also zu den für die öffentliche Meinung maßgebenden Spitzenkräften der SED und stand in Kontakt mit der Parteiführung. Allerdings wurde er unter den Parteifunktionären nie als einer der ihren anerkannt, er galt als „Renegat" aus dem Großbürgertum.[135] Nach vierjähriger Leitung des „Treffpunkt Berlin", startete er schließlich den „Schwarzen Kanal", der ihn in West- wie in Ostdeutschland bekannt machen sollte.

Nach Einstellung der Sendereihe aufgrund der Wende änderte er seine politische Haltung nicht. So schrieb er für das KPD-Parteiblatt „Rote Fahne" und meldete sich mit den Büchern „Der rote Kanal" sowie „Provokation" in gewohnter Manier zu Wort.[136] Am 20. September 2001 starb Schnitzler in Zeuthen bei Berlin an den Folgen einer Lungenentzündung. Jugend, Kriegsdienst und nationalsozialistisches Elternhaus prägten sicherlich entscheidend sein Weltbild. Seine „Flucht" in den Osten Deutschlands kann als Wunsch gesehen werden, die unliebsame Vergangenheit hinter sich zu lassen und beim Aufbau eines sozialistischen Staates zu helfen.

### IV.1.2 Schnitzlers Weltbild und Wahrheitsbegriff

Für Schnitzler war die Welt bis zuletzt vollständig dichotomiert in Freund und Feind, Gut und Böse. Seiner Meinung nach gab es Missstände wie Arbeitslosigkeit, Hoffnungslosigkeit, Hunger und Armut, Wohnungslosigkeit und soziale

---

[127] Kutsch, Das Ende des „Schwarzen Kanals", S. 250.
[128] Schnitzler, Meine Schlösser, S. 131.
[129] Ebd. S. 137.
[130] Bierbach, Wolf (Hg.), Der neue WDR. Dokumente zur Nachkriegsgeschichte des Westdeutschen Rundfunks, Köln/Berlin 1978 (Annalen des Westdeutschen Rundfunks, Bd. 3), S. 63 f.
[131] Fricke, Ein Schmock, S. 51 f.
[132] Gerlof, Gegenspieler, S. 53.
[133] Kutsch, Das Ende des „Schwarzen Kanals", S. 256.
[134] URL: http://sk.dra.de
[135] Fricke, Ein Schmock, S. 56.
[136] URL: http://www.ddr-im-www.de/Personen/Schnitzler.htm (6.6.04).

Unsicherheit, Konsumterror, Kulturzerfall und Kalten Krieg ausschließlich in der kapitalistischen Bundesrepublik.[137] Negative Phänomene waren für ihn also systemimmanent, positive Merkmale des Westens existierten für ihn nicht. Die DDR sei der erste deutsche Staat gewesen, der Frieden zum Regierungsprogramm erhoben habe und „das Beste, was in der Geschichte den Deutschen, den Völkern Europas und der Welt aus Deutschland begegnet ist".[138] „Imperialismus muss etwas mit Krieg, Sozialismus etwas mit Frieden zu tun haben".[139] Imperialistisch handle, wer antikommunistisch denke. Die kapitalistische Gesellschaft deformiere den Menschen und müsse daher offensiv bekämpft werden.[140] Die Verbrechen der deutschen Faschisten waren für Schnitzler untrennbar verbunden mit dem deutschen Kapitalismus und seinen „Klassenkumpanen" in anderen kapitalistischen Staaten.[141] Das Volk jedoch sei gegen die eigenen Interessen und zu Schandtaten von seinen Feinden manipuliert worden, so wie es immer noch in der Bundesrepublik manipuliert werde.[142] Für Schnitzler war der Kapitalismus in all seinen Erscheinungsformen wie Faschismus und Imperialismus ein „Auslaufmodell", das Gewalt an Mensch und Natur nur vergrößert und seine Daseinsberechtigung verspielt hat.[143] Sah Schnitzler im Westen den Feind, so war die Sowjetunion der Freund, von dem man lernen müsse, denn sie alleine habe den deutschen Faschismus und Imperialismus besiegt.[144] Mit dieser Aufteilung der Welt in Schwarz und Weiß stimmte Schnitzler also vollkommen mit dem sozialistischen Weltbild seiner Wahlheimat überein. Feindbilder hielt Schnitzler für eine „logische Folge der Existenz zweier feindlicher, unvereinbarer Ideologien" und die ideologische Auseinandersetzung für „jederzeit und unter allen Bedingungen geboten".[145] Schnitzler nahm also ein klares Bild vom Feind mit in seine Sendung. Und auch seine Auffassung von Wahrheit und seiner journalistischen Aufgabe passten in dieses Weltbild.

Für Schnitzler gab es nur eine objektive und erkennbare Wahrheit.[146] Diese konnte nur von einem vertreten werden, „nämlich von dem, der den Frieden will und Wohlfahrt des Menschen". Seinem Weltbild getreu konnten also nur die sozialistischen Staaten im Besitz der Wahrheit sein. Die Freiheit der Presse, des Rundfunks und des Fernsehens sei nur im Besitz der sozialistischen Partei gewährleistet. Als Irrtum bezeichnete er den Glauben, man könne sich ein richtiges Bild machen, wenn man „hierhin hört und dahin hört" und „von diesem jenes und von jenem dieses nimmt", um sich ein eigenes Bild zu machen. Somit verurteilte er indirekt die Informationsaufnahme durch nicht-sozialistische Medien. Daher habe es auch nichts mit Objektivität oder Neutralität zu tun, wenn man

---

[137] Schnitzler, Meine Schlösser, S. 235.
[138] Schnitzler, Karl-Eduard von, Provokation, Hamburg² 1994, S. 9.
[139] Schnitzler, Provokation, S. 41.
[140] Ebd. S. 30.
[141] Schnitzler, Meine Schlösser, S. 121.
[142] Schnitzler, Provokation, S. 100.
[143] Ebd. S. 181.
[144] Schnitzler, Karl-Eduard von, Der rote Kanal, Hamburg 1992, S. 315.
[145] Ebd. S. 45.
[146] Schnitzler, Karl-Eduard von, „Pressefreiheit", in: Neue deutsche Presse 1968, Nr. 9, S. 1-3.

beiden Seiten gleiche Möglichkeiten einräumt. Kriegstreiber und Feinde der Menschheit dürfe man nicht wie ehrliche Menschen behandeln. Wer „antidemokratische" Fernseh- oder Hörfunksendungen höre oder Westzeitungen lese, öffne sein Ohr dem Todfeind. Die eigenen Medien gäben genug Informationen und Kenntnisse, „sich eine eigene Meinung zu bilden, um die Methoden der ‚Kriegshetzer' zu erkennen, ihre Argumente widerlegen und richtig handeln zu können". Die „Reife" eines Journalisten würde zuerst vom Grad seines ideologischen Bewusstseins bestimmt und dann vom Grad seiner journalistischen Fähigkeiten. Im „Medienimperialismus" hingegen seien Journalisten, die richtig denken und Menschen bleiben, selten gefragt.[147] „Faschistischer, bourgeoiser Brauch" nannte Schnitzler es, sich verleumderisch ins Privatleben des Klassenfeindes einzumischen, mit Schmutz zu werfen, frei zu erfinden und mit Wahrheiten oder Halbwahrheiten zu jonglieren.[148] Kapitalistische Meinungsmacher hätten weder Scham noch seien sie diskret, sondern wollten nur Sensationen bringen und schockieren, ohne Rücksicht auf den Wahrheitsgehalt.[149] Sich selbst sah er als einen „Politiker, der den Beruf des Publizisten ausübt".[150] Skandale und Sensationshascherei seien ihm fremd. Diese letzte Aussage soll in dieser Arbeit widerlegt werden.

## IV.2 Zur Sendung

Es erklang die deutsche Nationalhymne, etwas verfremdet, die Logos von ARD und ZDF tanzten um einen düsteren Antennenwald, bevor sich im grellen Misston der Bundesadler auf dem Häuserdach niederließ.[151] Dann erschien Schnitzler auf dem Bildschirm.

„Der schwarze Kanal" entstand als Reaktion auf eine analytisch-kritische Fernsehsendung des Westfernsehens.[152] Thilo Kochs „Die rote Optik" beleuchtete seit 1958 das Ostfernsehen und war vor allem an die DDR-Bürger gerichtet. Gegen diese Einstrahlung der Feindsender wurde Karl-Eduard von Schnitzler von den Fernsehgewaltigen beauftragt, mit einer eigenen Sendung zu reagieren. Das zeigt die Abhängigkeit der beiden deutschen Fernsehsysteme voneinander. Schnitzler nannte seine Sendung „Der schwarze Kanal" und meinte hiermit das Westfernsehen, „schwarz" stand für „CDU und schmutzig". Die Westeinspielungen, meist Nachrichten oder Politmagazine, die Schnitzler von einem Sessel aus kommentierte, mussten nicht aktuell sein. Für die Zuschauer waren sie nie datiert oder anderweitig bezeichnet.[153] Schnitzler sollte die „groben Lügen" über die DDR in den westdeutschen Medien aufdecken und wirtschaftliche, soziale und politische Missstände im „feindlichen Lager" der Bundesrepublik darstellen.[154]

[147] Schnitzler, Meine Schlösser, S. 149.
[148] Ebd. S. 148 f.
[149] Schnitzler, Provokation, S. 137.
[150] Schnitzler, Meine Schlösser, S. 151.
[151] Osang, Alexander, Aufsteiger – Absteiger. Karrieren in Deutschland, Berlin 1992, S. 151.
[152] Fischer, Marginalien, S. 161.
[153] Scharf, DDR-Fernsehprogramme, S. 140.
[154] Riedel, Hörfunk und Fernsehen in der DDR, S. 61.

Als Propagandasendung lief das Magazin jeden Montag ab 21.30 Uhr auf DFF 1 und dauerte 20 bis 30 Minuten.[155] Im letzten Jahr wurde es auf 21.50 Uhr nach hinten verschoben. Am Dienstag morgen wurde die Sendung im Zweiten Programm wiederholt. Schnitzler war sowohl Autor als auch Moderator der Sendung. Im Falle einer Krankheit moderierte meist Heinz Grote in Vertretung. An Schnitzlers Seite stand eine fünfköpfige Redaktion. Das Magazin wurde bewusst im Anschluss an den Spielfilmtermin „Für den Filmfreund" gebracht, da dieser sich auch bei den westdeutschen Zuschauern großer Beliebtheit erfreute.[156] Wie Goss und Hartmann-Laugs in ihrer Untersuchung des Abendprogramms im DDR-Fernsehen festgestellt haben, wurden politisch gewichtige Produktionen am Abend eher so plaziert, dass sie von einer größtmöglichen Zuschauerzahl empfangen werden konnten, entsprechend dem Anspruch, ideologische Agitation und Propaganda massenwirksam durchzuführen.[157] Wie wichtig es der Sendeleitung des Fernsehfunks war, vor allem auch die Westdeutschen mit ihrer Ideologie zu erreichen, beweist ihre Ablehnung, den Montagsfilm auf den Dienstag zu verschieben.[158] Anfragen dieserart gab es, da Montagabend unter anderem die Zeit der gewerkschaftlichen Zusammenkünfte und Parteiversammlungen in den Betrieben war, und die Teilnehmer zunehmend das Fernsehen den Parteiveranstaltungen vorzogen. Die Sendeleitung begründete ihre Ablehnung ausdrücklich mit der Hoffnung, dass „Der schwarze Kanal" nach dem Spielfilm gleich mitangesehen werde. Schnitzler behauptete allerdings im Nachhinein, sein Adressat sei immer nur der DDR-Bürger gewesen.[159] „Der schwarze Kanal" sei auch nie eine „Einmischungssendung" in Westberliner oder westdeutsche Angelegenheiten gewesen. Er bezeichnete es als „segensreiche Erscheinung der Technik" und „Begleiterscheinung", dass die westdeutschen Bürger mithören konnten. Bei der Analyse der Sendungen wird aber deutlich werden, dass der Moderator sich explizit an West- wie an Ostdeutsche richtete. Außerdem behauptete Schnitzler man habe ihm freie Hand gelassen, was die Themenwahl der Sendungen betraf.[160] Für die Durchführung habe es eine formelle Freigabe gegeben, aber er könne sich nicht erinnern, dass da Wesentliches geändert worden wäre. Er habe „Narrenfreiheit" gehabt. Schnitzler glaubte, seine politische Erfahrung und sein Alter habe ihn vor allzu direkten Eingriffen des Zentralkomitees geschützt.[161] Zwar zeugt es von nicht geringem Vertrauen, dass die politische Führung ihm das Erstellen des Sende-Konzepts alleine überließ, und Schnitzlers einwandfreie ideologische Einstellung mag ihm auch manch inhaltliche Freiheit eingeräumt haben. Tatsache aber ist, dass auch auf seinem Schreibtisch ein rotes Telefon stand, um kurzfristige „Empfehlungen" für seine Kommentare zum „Schwarzen

[155] Kreutz/Löcher/Rosenstein, Von „AHA" bis „Visite", S. 233.
[156] Hickethier, Geschichte des deutschen Fernsehens, S. 188.
[157] Hartmann-Laugs, Petra S./Goss, Anthony John, Unterhaltung und Politik im Abendprogramm des DDR-Fernsehens, Köln 1982 (Wissenschaft und Politik, Bd. 29), S. 39.
[158] Fischer, Marginalien, S. 162.
[159] Ludes, DDR-Fernsehen intern, S. 276.
[160] Ebd. S. 270.
[161] Ebd. S. 273.

Kanal" übermitteln zu können.[162] Zudem sind in den Manuskripten immer wieder Korrekturen zu finden und es lässt sich nicht sagen, ob der Autor hier Eigenkorrekturen vornahm oder nicht doch Anweisungen von oben erfüllte. Schnitzler blieb jedenfalls auch nicht vor parteiinterner Rüge gefeit, wie die Reaktion des Politbüros auf seine Sendung vom 26. Oktober 1970 beweist.[163] Von Ulbricht musste er sich den Vorwurf gefallen lassen, „westlicher Dekadenz und Unmoral" durch zu knappe eigene Kommentierung der Ausschnitte aus Wolfgang Menges „Millionenspiel" Vorschub geleistet zu haben. Die übliche Wiederholung der Sendung wurde verboten. Schnitzler und der damalige Chefredakteur der Aktuellen Kamera, Erich Selbmann, der auch die redaktionelle Verantwortung für den „Schwarzen Kanal" trug, erhielten eine Parteistrafe. Adameck sollte dafür sorgen, dass „keine solche Westsendungen bzw. große Auszüge aus Westsendungen gesendet werden".[164] Das zeigt, in welchem Grenzbereich Schnitzler arbeitete. Er war auf den „Feindsender" aufgrund des Sendekonzepts angewiesen, aber die Angst vor den Einflüssen des Westfernsehens auf die Moral der eigenen Bürger war einfach zu hoch, um diese Westschnitte ungenügend kommentiert stehen lassen zu können.

Schnitzler unterschied nach der Wende drei inhaltliche Phasen des „Schwarzen Kanals".[165] Musste er die ersten Jahre in seiner Sendung nicht differenzieren, konnte also alle Feinde „in einen Sack tun" und Politiker der Bundesrepublik persönlich angreifen, soll es aufgrund der Entspannung zu einer sachlichen Auseinandersetzung zwischen Sozialismus und Kapitalismus im „Schwarzen Kanal" gekommen sein. Die dritte Phase setzte laut Schnitzler dann im Nuklearzeitalter ein, wo die Auseinandersetzung so zu führen war, dass sie politische und wirtschaftliche Verhandlungen nicht störte. Kein Wort in dieser Etappe könne man als Hetze oder Demagogie bezeichnen.[166] Diese Veränderungen habe Schnitzler selber entschieden, ohne Anleitung der Partei oder staatlicher Leitung.[167] Das allerdings dürfte sehr unwahrscheinlich sein. Ab Mitte der 70er Jahre habe sich „Der schwarze Kanal" auch nicht mehr so sehr an den „Normalbürger" gewandt, sondern mehr an Funktionäre, Armee und Politoffiziere.[168]

---

[162] Holzweißig, Die schärfste Waffe der Partei, S. 123.
[163] Ebd. S. 117 f.
[164] Ebd. S. 224.
[165] Ludes, DDR-Fernsehen intern, S. 271 f.
[166] Schnitzler, Der rote Kanal, S. 58.
[167] Ludes, DDR- Fernsehen intern, S. 272.
[168] Ebd. S. 274.

# V. Das Westfernsehen in der DDR

## V.1 Das Problem Westfernsehen und die Reaktion der SED

Die Geschichte des deutschen Fernsehens ist auch die Geschichte der Konkurrenz zwischen Bundesrepublik und DDR um die Zuschauer in den beiden Staaten.[169] Seit Juni 1955 erfüllte der DFF den „Westplan" des Staatlichen Rundfunkkomitees und strahlte in das Zonengrenzgebiet von der Ostsee bis zum Fichtelgebirge. Die Zahl der potentiellen Empfänger der DDR-Programme in Westdeutschland und Westberlin schätzte man 1962 auf drei Millionen.[170] Ging man in der DDR während der Vorbereitungen für den Sendebetrieb aufgrund des geplanten Kollektivempfangs sowie der Beschränkung auf Fernseher mit nur einem Kanal noch davon aus, den Blick auf westliche Programme verhindern zu können, erwies sich diese Annahme bald als falsch. Der sich ausbreitende private Besitz von Fernsehgeräten entzog dem Staat bald die Kontrolle über die Rezeption, und Mehrkanal-Geräte bauten das entscheidende technische Hindernis für den Empfang des Westfernsehens ab. Die Tatsache, dass der Bildschirm das „Fenster zum Westen" war, war für viele Bewohner der Zone gerade der Grund für die Anschaffung eines Fernsehgerätes.[171]

Das Verhältnis der SED zum Westfernsehen war ambivalent. Einerseits diente es als Maßstab, was Technik und Programmentwicklung betraf, andererseits als Objekt, gegen das man sich abgrenzen und dessen Einfluss man unterbinden musste. So gab es beispielsweise Anfang der 70er Jahre auch zunehmend Kritik am Werbefernsehen der DDR.[172] Man warf dem DFF vor, kapitalistische Werbebräuche zu kopieren. So ging der Umfang der Werbung immer mehr zurück, bis man sie schließlich ganz aus dem Programm nahm. Da das westdeutsche Fernsehen 80 Prozent des ostdeutschen Territoriums erreichte, stellte es eine Gefahr für das Informationsmonopol der SED und somit für die ideologische Legitimität des Regimes dar.[173] Nur die Gebiete um Dresden und Rostock lagen im „toten Winkel", bildeten das „Tal der Ahnungslosen".[174] Durch große Außenantennen in Richtung Westsender konnten aber auch ihre Bewohner das „feindliche" Fernsehen empfangen. Auch wenn es kein Gesetz gegen den Westempfang gab, gab es „Gummiparagraphen", durch deren Auslegung man die betreffenden Personen trotzdem verurteilen konnte.[175] Begründet wurden die Urteile unter anderem mit der moralisch-politischen Verwerflichkeit der Verbreitung des West-

---

[169] Geserick, 40 Jahre, S. 73 ff.

[170] Duchrow, Alfred, Es werden immer mehr, in: Funk und Fernsehen 29 (1962), S. 13. (Duchrow stützt sich auf eine „inftatest"-Untersuchung.)

[171] Heil, Karolus Heinz, Antennen werden zerstört. Die Fernsehoffensive in der Zone, in: Der europäische Osten 84/85 (1962), S. 47.

[172] Jauch, Ernst-Alfred, Fernsehen in der DDR. Fest in den Händen der Partei, in: Digest des Ostens 1976, Nr. 2, S. 3 f.

[173] Levandai, Paul, Der Medienkrieg. Wie kommunistische Regierungen mit Nachrichten Politik machen, Frankfurt/Main, Berlin, Wien, S. 150.

[174] Baumert, Olaf, Das Loch in der Mauer. Sie fürchten die Wahrheit wie die Pest, in: Deutsche Fragen 11 (1961), S. 210 f.

fernsehens und ihrer Gefährlichkeit für alle friedlebenden Menschen in Deutschland. Die westdeutschen Fernsehstationen nähmen eine bedeutende Rolle für die Verbreitung des Antikommunismus und imperialistischer-revanchistischer Ziele ein. Als „Handlanger der Bonner Ultras" wurden einige Personen in verschiedenen Prozessen Anfang der 60er Jahre zu bis zu zehn Jahren Zuchthaus verurteilt.[176] Die SED wendete die verschiedensten Mittel an, um den Empfang der verhassten Programme zu unterbinden. Man kontrollierte die Dachantennen der DDR-Bürger. Waren sie auf den „Ochsenkopf", den Berg an der Zonengrenze, auf dem ein Westsender stationiert war, gerichtet, stieg man den „ideologischen Grenzgängern" aufs Dach. In einer Aktion „Blitz kontra NATO-Sender" drangen FDJler in Häuser ein, um die Bewohner aufzufordern, ihre Antennen in Richtung eines Ostsenders zu stellen oder den „Ochsenkopf" zu entfernen.[177] Bei Weigerung halfen die Jugendlichen mit Zangen und Eisensägen nach. Anschließend zwangen sie die Gerätebesitzer, eine „freiwillige Erklärung" zu unterschreiben, dass sie in Zukunft keine Westsender mehr empfangen würden.[178] Verweigerer wurden bedroht und öffentlich angeprangert. Allerdings konnte man nur in wenigen Gegenden der Zone an der Stellung der Fernsehantenne feststellen, welchen Sender man empfangen konnte, da Ost-und Westsender vielfach in der gleichen Richtung lagen. So ging man schließlich dazu über, in Betrieben Druck auf die Arbeiter auszuüben, damit sie auf den Westempfang verzichteten. Auch in Schulen befragte man die Schüler nach der Einstellung der Eltern und deren Fernsehgewohnheiten. Durch einen neuen Paragrafen in der Schulordnung wurde der Empfang westlicher Sendungen untersagt, und die FDJ schickte Spitzel an die Wohnungstüren, die zu Zeiten beliebter Westsendungen das gerade gehörte Programm erlauschten.

Die offizielle Tolerierung bestätigte schließlich die Unmöglichkeit von Verboten und Verzichtsappellen. Auch Schnitzler hatte von Beginn an die Aufgabe, den Zuschauern das Westfernsehen madig zu machen.

### V.2 Das Westfernsehen als „Feindfernsehen" im „Schwarzen Kanal"

Schon in seiner ersten Sendung vom 21.3.1960 macht Schnitzler seinem Publikum deutlich, was er vom Westfernsehen hält:

> Der schwarze Kanal [...] führt Unflat +[179] Abwässer. Aber statt auf Rieselfelder zu fliessen[180], ergiesst er sich täglich in Hunderttausende westdeutscher und westber-

---

[175] vgl. § 19 StEG. Das Verbreiten von Sendungen des westdeutschen Fernsehfunks, die sich gegen die DDR und die übrigen Staaten des sozialistischen Lagers richten, erfüllt den Tatbestand der staatsgefährdenden Propaganda und Hetze, in: Neue Justiz 15 (1959), S. 534 f.

[176] Baumert, Das Loch in der Mauer, S. 210.

[177] vgl. Schneider, Karl-Heinz, Wir sind für fette Ochsen in den Ställen, aber nicht für Ochsenkopfantennen. Eilenburger Aktion „Blitz kontra NATO-Sender", in: Junge Generation 17 (1961), S. 15.

[178] Baumert, Das Loch in der Mauer, S. 210.

[179] Schnitzler ersetzt einige Male die Konjunktion „und" durch dieses Zeichen.

[180] ss und ß ersetzten sich wahlweise, so findet man beispielsweise mal „Strauß" und mal „Strauss".

liner Haushalte.[...] Und ihm werden wir uns von heute an jeden Montag widmen- als Kläranlage gewissermaßen-im übertragenen Sinne.[181]

Schnitzler nutzt also die Zweideutigkeit des Wortes „Kanal", um die Schmutzigkeit des Westfernsehens zu betonen. So soll dem „Feindfernsehen" einerseits die Glaubwürdigkeit und Klarheit abgesprochen werden. Andererseits ruft das Verb „ergießen" den Anschein hervor, die Zuschauer könnten sich dem Zustrom kaum erwehren oder den Schmutz zumindest nicht erkennen und erlitten große Schäden durch den Zufluss der Ätherwellen. Auffälligerweise strich der Moderator in seinem Manuskript hier die harmlosere Variante „Unrat und Abwässer [...] finden täglich den Weg in die [...] Haushalte", die die Akzeptanz des Westfernsehens betonen könnte. Desweiteren lässt er die Möglichkeit des Westempfangs in der DDR bewusst unerwähnt, erfüllt also die Tabuisierung des Westfernsehens in der DDR. Er richtet sich in dieser Sendung aber skandalisierend an die Westdeutschen und Westberliner, die sich als Geschädigte ihres eigenen Fernsehens sehen sollen. Schnitzler widerlegt also bereits in der ersten Sendung seine Behauptung, er habe sich immer nur an die Bürger des eigenen Staates gerichtet. Selbstverständlich dient die Diffamierung des Westfernsehens aber auch dazu, die eigenen Bürger von den Westprogrammen fern zu halten. Das Pronomen „wir" setzt den Moderator als Skandalisierer vertrauensvoll auf eine Stufe mit seinen Zuschauern und soll den Eindruck erwecken, diese würden selbst die Machenschaften des Westfernsehens entlarven. Zusammen mit dem Moderator arbeiten sie als „Kläranlage", sorgen also dafür, „der Wahrheit vom Kopf, auf den sie vom westdeutschen Fernsehen gestellt wird, auf die Füße zu verhelfen". Schnitzler führt die Lügen des Westfernsehens den Zuschauern vor Augen, die von sich aus die Methoden des Westfernsehens und die Wahrheit erkennen sollen. Dabei skandalisiert Schnitzler durch die Pauschalisierung, „jede politische Aussage", die der schwarze Kanal ausstrahle, biete Gelegenheit – ja, zwinge sogar dazu, entlarvt und berichtigt zu werden. Er selbst stellt sich so als Kämpfer für gesellschaftlich hochgeschätzte Ideale dar.

Auf die politische Abhängigkeit des Westfernsehens geht der Moderator in der folgenden Sendung ein:

> Ich will jetzt gar nicht von den Diskriminierungen sprechen, die sie [die Bonner Herren]    gegen uns absondern-unter anderem durch ihren schwarzen Fernsehkanal.[182]

Die Verbindung der Farbe schwarz zur Politik wird hier also vollzogen. Demnach benutzt die Bonner CDU-Regierung das Fernsehen, um die DDR und letztendlich deren Bürger anzugreifen. Das Verb „absondern" ist eindeutig negativ konnotiert und soll den Hass auf die westdeutsche Regierung schüren. Man kann hier auch von einer für Feindbilder typischen Projektion sprechen, denn die eigene Mediensituation wird auf den Gegner übertragen. Das Pronomen „uns" hat hier die Funktion, dass sich die DDR-Bürger selbst betroffen fühlen sollen. Die westdeutsche Regierung und „ihr Fernsehen" sind der Feind der Ostdeutschen. Daraus resultiert, dass der Empfang der Westsender einer Unterstützung des ei-

---

[181] Manuskript (MS) zur Sendung vom 21.3.60, in: Deutsches Rundfunkarchiv Babelsberg, Schriftgutbestand Fernsehen (DRA SG FS), E065-02-04_0001001, S.1.

[182] MS zur Sendung vom 28.3.60, in: DRA SG FS, E065-02-04_0001002, S. 2

genen Feindes gleichkommt. Der Nachrichtenpolitik und Meinungsbildung des Westens fehle jedes Maß, jedes Gefühl für Anstand und Recht im Hinblick auf die DDR.[183] Es findet also zusätzliche eine moralische Diskreditierung des Westfernsehens statt. Jede unliebige Information oder Kritik über die DDR wird als Verleumdung und somit als moralischer Normbruch präsentiert. Zudem wird die Aggressivität des Gegners, der keine vernünftigen Schranken kennt, angesprochen.

Der Begriff „Nachrichtenpolitik" weist wiederum auf die politische Lenkung der Medien in der Bundesrepublik hin. Besonders die Bauern in der DDR seien momentan von der westlichen „Hetzkampagne" betroffen, sie sind in dieser Sendung die Hauptadressaten, vermutlich weil Anfang 1960 in der DDR eine Kollektivierungskampagne bisher unbekannten Ausmaßes statt fand, und der Zusammenhalt der DDR durch die zunehmende Abwanderung vieler Menschen gefährdet war.[184] Schnitzler will vermeiden, dass die DDR-Bürger Berichten der Westmedien über die Situation der Bauern in der DDR glauben, um innenpolitische Spannungen fernzuhalten. So wendet er jegliche Anschuldigungen demonstrativ in Richtung Feind, wenn er sagt:

D o r t[185], meine Damen und Herren, ist das grausige Geschehen mit dem unsäglichen Leid;

d o r t werden die Bauern um Freiheit und Menschenwürde gebracht. Und Herr Lübke, Herr Lemmer, das Fernsehen und die Zeitungen wollen davon ablenken, indem sie auch auf diesem Gebiet „Haltet den Dieb" schreien.[186]

Schnitzler nennt im letzten Satz namentlich die Schuldigen in der Bundesrepublik und somit die Feinde der Zuschauer im Osten wie im Westen – denn letztere werden schließlich um ihre Menschenrechte gebracht. Er personalisiert also die skandalösen Ereignisse in der Bundesrepublik. „Haltet den Dieb" weist auf die Ablenkungsmethoden der wahren Täter hin. Schnitzler kriminalisiert so westdeutsche Politiker wie Journalisten. Er projiziert letztendlich seine eigenen Methoden auf die Mitarbeiter beim Westfernsehen, denn er behauptet in derselben Sendung, dass diese sich bemühten, das Feindbild DDR, Sowjetunion, oder Kommunismus schlechthin aufzubauen.[187] Diese seien der „Buh-Mann, mit dem man die Menschen erschrecken und bei der antikommunistischen Stange halten" wolle. Auch zehn Jahre später unterstellt er dem Westfernsehen in seiner Sendung unter dem Titel „Pressefreiheit" noch, „prokapitalistisch", „arbeiterfeindlich", „antisozialistisch" und „DDR-feindlich" zu sein.[188] Somit überträgt er gleichzeitig die Funktion der Feindbilder im Hinblick auf die innere Stabilisierung auf das kapitalistische, antikommunistische System. Die DDR wäre demzufolge nur der Sündenbock für selbstverschuldete Missstände in der Bundesrepublik.

---

[183] vgl. MS zur Sendung vom 28.3.60, in: DRA SG FS, E065-02-04_0001002, S. 5.
[184] Staritz, Dietrich, Geschichte der DDR 1949-85, Frankfurt/Main 1985, S. 135 f.
[185] sic! – zur Betonung anstelle von Unterstreichungen (Anm. d. Verf.)
[186] MS zur Sendung vom 28.3.60, in: DRA SG FS, E065-02-04_0001002, S. 6.
[187] Ebd. S. 7.
[188] MS zur Sendung vom 20.7.70, in: DRA SG FS, E001-00-01_0002080, S. 4.

Zu Mittätern kriminalisiert Schnitzler die Westjournalisten als Feindbilder, die das Westfernsehen repräsentieren, mit seiner Aussage, dass Richter und Staatsanwälte, die aus Hitlers Zeiten Blut an den Händen hätten, im westdeutschen Fernsehen „gehätschelt, geschont, gedeckt" würden.[189] Das „unmoralische" Verhalten erfährt hier eine inhaltliche Steigerung von der bloßen Schonung hin zur Verdeckung von Straftaten und Decken der Täter. Am Ende der Sendung ruft Schnitzler die westdeutschen Zuschauer implizit zum Handeln gegen ihre Regierung auf:

> Es ist noch viel zu tun, es muß noch manches anders werden, ehe dieser Bonner Staat so geartet ist, daß man an eine demokratische Wiedervereinigung in Freiheit denken kann. Denn mit so etwas? Nein. Das wäre ein schlechter Dienst an unserem Volk und am Frieden.[190]

Schnitzler vermeidet zunächst einmal den Begriff der Republik, wenn er verächtlich vom „Bonner Staat" und von „so etwas" spricht, um der Bundesrepublik jegliche Legitimation abzusprechen. „Frieden" ist ein Wort mit hohem emotionalen Wert und Suggestivbegriff zugleich. Es untermauert die Wichtigkeit der Angelegenheit, denn die Bürger sowohl in West-wie auch in Ostdeutschland wünschen sich den Frieden und müssten somit gegen die friedensfeindliche Bundesrepublik vorgehen. Monokausal trägt die Schuld für das Scheitern der Wiedervereinigung demnach alleine die feindliche Bundesrepublik, da diese im Gegensatz zu den Interessen des Volkes und des Friedens stehe. Schnitzler liefert seinen Zuschauern dadurch eine „Universalenträtselung"[191] für das Problem. Nur auf sozialistischer Basis, mit den Merkmalen der für Schnitzler einzigen deutschen demokratischen Republik, ist eine Wiedervereinigung möglich. Mit der Wiedervereinigungsrhetorik – die SED hatte bereits im Sommer 1952 dem Gedanken einer „Wiedervereinigung in Freiheit" eine Absage erteilt, um den gesellschaftlichen Umbau in Richtung des sowjetischen Vorbilds einzuleiten[192] – spricht Schnitzler sowohl den Wunsch West- als auch Ostdeutscher an. Er spricht von „unserem Volk". Schnitzler nuanciert aber feindbildtypisch im Hinblick auf die westdeutschen Bürger, er unterscheidet zwischen den Feinden, den „Tätern" in Regierung und Medien und den unschuldigen „Opfern", die er versucht gegen den Bonner Staat aufzuhetzen.

Das von Schnitzler verwendete Adjektiv „demokratisch" wurde in der DDR zudem anders ausgelegt als in der Bundesrepublik. In der DDR galt nur die sozialistische Demokratie als wahre und höchste Form der Demokratie, während die bürgerliche Demokratie nur formal allen Bürgern gleiche Rechte und Mitwirkungsmöglichkeiten zugestehe.[193] Gerade aber diese Mehrdeutigkeit, auch „ideologische Polysemie"[194], erlaubt es dem Moderator West-wie Ostdeutsche zu er-

[189] MS zur Sendung vom 28.3.60, in: DRA SG FS, E065-02-04_0001002, S. 8.
[190] MS zur Sendung vom 28.3.60, in: DRA SG FS, E065-02-04_0001002, S. 10.
[191] Vgl. Picaper, Jean-Paul, Kommunikation und Propaganda in der DDR, Bonn 1976, S. 116.
[192] Werkentin, Falko (Hg.), Der Aufbau der „Grundlagen des Sozialismus" in der DDR 1952/53, Berlin 2002 (Schriftenreihe des Berliner Landesbeauftragten für die Unterlagen des Staatssicherheitsdienstes der ehemaligen DDR, Bd. 15), S. 9.
[193] Kinne, Michael/Strube-Edelmann, Birgit (Hg.), Kleines Wörterbuch des DDR-Wortschatzes, Düsseldorf 1980, s.v. „Demokratie".

reichen, denn die Hörer verknüpfen mir dem Wort die Meinung, die ihnen gewohnt und wünschenswert erscheint.

Mit einem „Skandal im Schwarzen Kanal" leitet Schnitzler die Sendung vom 4.7.60 ein.[195]:

> „Proteststurm um Fernsehen" schreibt gestern die „Welt am Sonntag". „Scharfe Proteste gegen Fernsehsendung" schreibt heute die Hamburger „Welt". „Sturm um eine Fernsehsendung" teilt „Bild" heute früh seinen drei Millionen Lesern mit. Und da können wir in unserer Sendung „Der Schwarze Kanal" natürlich nicht dran vorbeigehen. Was war da los beim Westdeutschen Fernsehen? Die geben sich doch solche Mühe, es den Kanzlern, Bischöfen, Aktionären, Kardinälen, Generaldirektoren und Generälen recht zu machen, Und nun droht allerhöchste Ungnade...[...] Mieten, Bausparen, Bodenspekulation, Wohnungsnot-das war das Thema dieser Sendung [...]Nichts Neues, eigentlich; nichts, was die Zuschauer des Deutschen Fernsehfunks schon immer bei uns erfahren haben: Mietwucher, vom Bundestag gesetzlich lizensiert; und dann viele, viele Beispiele von Wohnungselend, Wohnungsnot, Betrug [...], und alle bestätigen in dieser Sendung im Schwarzen Kanal des Westdeutschen Fernsehens: Jawohl, es stimmt [...] Und das darf nicht sein. Die Verschlechterungen schon, die hat ja der Bundestag demokratisch beschlossen. Aber dass darüber gesprochen wird, auch noch öffentlich, im christlich-demokratischen Fernseh- das geht zu weit. Mit ihren Wahrheiten [...] haben die beiden bedauernswerten Kollegen vom Südwestfunk die Grenzen der westlichen Meinungsfreiheit offensichtlich überschritten. Die Aufregung in Bonn, die angekündigten „Maßnahmen" zeigen, wo die Grenzen westlicher Meinungsfreiheit liegen: Genau dort, wo die Interessen derer berührt werden, die diesen Staate beherrschen und deren Staat dieser Staat ist.

Zunächst nennt Schnitzler westdeutsche Quellen, um seine Skandalisierung zu rechtfertigen. Dabei sucht er sich die Schlagzeilen heraus, die mit Worten wie „Sturm", „scharfe Proteste" und „Proteststurm" besonders emotionalisieren und dramatisieren. Der Moderator kann mit „Millionen" von Lesern im Westen rechnen, die über die Angelegenheit informiert sind oder zumindest Schnitzlers Aussagen überprüfen können. Daher soll der Hinweis auf westdeutsche Medien seine Seriösität untermauern und steht im Widerspruch zu Schnitzlers Meinung über sie. Schnitzler als Skandalisierer kann an dem Vorfall „natürlich nicht dran vorbeigehen", bietet er sich doch nahezu an, die Unfreiheit des Westfernsehens zu beweisen. Er skandalisiert in der Sendung aber eigentlich den Skandal selbst, nämlich dass die Aussprache der Wahrheit im Westfernsehen überhaupt einen Skandal auslösen kann. Somit skandalisiert er indirekt die zitierten Springer-Medien, die die Berichterstattung im Westfernsehen kritisieren. Der Moderator verspottet die Institution Westfernsehen und ihre Mitarbeiter, wenn er behauptet, sie gäben sich doch alle Mühe, es den genannten Personenkreisen recht zu machen. Schnitzler spricht hier auffälligerweise gerade nicht vom Kanzler Adenauer, sondern von Kanzlern, vermutlich, um zu verdeutlichen, dass es keine Rolle spielt, wer gerade an der Macht ist, sondern nur, dass das Westfernsehen die Mächtigen und Wohlhabenden allgemein vertritt. In der überspitzten Formulierung „allerhöchste Ungnade" und der Solidaritätsbekundung für die Journalis-

---

[194] Dieckmann, Walther, Sprache und Politik. Einführung in die Pragmatik und Semantik der politischen Sprache, Heidelberg 1969, S. 66 f.

[195] MS zur Sendung vom 4.7.60, in: DRA SG FS, E065-02-04_0001014, S. 1 ff.

ten, die die Wahrheiten lieferten, klingt nur unverhohlene Schadenfreude darüber an, dass das Westfernsehen in die Kritik geraten ist und ihm somit die Möglichkeit zur Skandalisierung gibt. Die Skandalisierung des Feindfernsehens nutzt Schnitzler hier besonders zur positiven Hervorhebung des eigenen Fernsehens, das den Zuschauern im Westen wie im Osten hiermit als besseres, objektives Programm verkauft werden soll. Schnitzler ist zugleich gezwungen, die Berichterstattung über soziale Probleme im Westfernsehen als „Ausrutscher"[196] hinzustellen, um zu vermeiden, dass das Westfernsehen als kritische und somit glaubwürdige Institution gilt, das die Verhältnisse im eigenen Land objektiv in Augenschein nimmt. Darin liegt Schnitzlers Problem als Skandalisierer und die Paradoxie seiner Sendung. Einerseits braucht er das Westfernsehen zur Untermauerung seiner Thesen vom „schlechten" Deutschland, wenn er sagt, dass „alle" die sozialen Missstände im Schwarzen Kanal des Westdeutschen Fernsehens „bestätigen".[197] Andererseits muss er solche Sendungen als Ausnahmen darstellen, die auch sogleich von der bundesrepublikanischen Regierung angeprangert werden. Das Westfernsehen ist laut Schnitzler eben „christlich-demokratisch", nicht „öffentlich-rechtlich", denn „dass darüber gesprochen wird, und auch noch öffentlich, das geht zu weit". Gerade die westdeutsche Öffentlichkeit soll sich darüber empören, denn das Fernsehen, das gerade ihre Meinung wiedergeben muss, steht laut Schnitzler in Wirklichkeit im Dienste der Christdemokraten. Somit fiele die Kontrolle der „vierten Macht" im Staat vollkommen aus, und die Meinungsfreiheit hätte Grenzen. Schnitzler projiziert wieder Verhältnisse des eigenen Fernsehens auf die Bundesrepublik.

Ähnlich spöttisch wie in dieser Kommentierung gibt sich der Moderator in der bereits zitierten Sendung vom 1. August des Jahres. Ironisch meint er, die Leute vom ersten Programm hätten es eigentlich gar nicht verdient, dass der Kanzler so hässlich zu ihnen sei, da sie treu seine Politik verfochten hätten. In dieser Sendung kommentiert der Autor des „Schwarzen Kanals" die Planung des „Adenauerfernsehens", was sich besonders gut anbietet zur Skandalisierung der angestrebten Medienkontrolle durch den Kanzler. Schnitzler nennt das geplante zweite Programm „Parteifernsehen der CDU" und führt aus:[198]

> Übrigens soll die neue Fernsehfirma [...] der Bonner Staatspartei nicht nur politischen Gewinn bringen, sondern auch handfeste Profite: Man rechnet in zwei Jahren mit der Einnahme aus den teuren Werbesendungen in einer Höhe von über eine Million Mark täglich-das sind vierhundert Millionen im Jahr. Die Programmunkosten dürften rund hundert Millionen betragen, so daß eine jährliche Einnahme von dreihundert Millionen Mark herausspringt.[199] [...] (2.Programm stimmt übrigens auch nicht: Sie empfangen unseres im Westen schon seit vielen Jahren auf Kanal 5)-und Eckard [Chef des neuen Programms] ist ja als alter Nazi-Autor von Ufa-Filmen für die Propagierung der Regierungspolitik besonders geeignet. Zum Leiter der Unterhaltung wurde Kalanag bestellt:[...] Daß er sich unter seinem bürgerlichen Namen Helmuth Schreiber in übelster Weise unter Goebbels betätigt

[196] MS zur Sendung vom 1.8.60, in: DRA SG FS, E065-02-04_0001018, S. 3.
[197] MS zur Sendung vom 4.7.60, in: DRA SG FS, E065-02-04_0001014, S. 2 f.
[198] MS zur Sendung vom 1.8.60, in: DRA SG FS, E065-02-04_0001018, S. 5 f.
[199] sic!

hat, wird Ihnen natürlich nicht gleich aufs Brutterbrot[200] geschmiert. Aber wir- da können Sie sich drauf verlassen, werden in Kürze darauf zurückkommen. Schon jetzt kann man jedenfalls sagen, daß der derzeitige Schwarze Kanal des Westdeutschen Fernsehens gegen das, was im nächsten Wahljahr von dem neuen braunen Programm zu erwarten ist, wie ein reiner Bergquell anmuten dürfte[...].

Nicht nur, dass die Regierung die Kontrolle des Fernsehens anstrebt, sondern auch dass sie auf Kosten der Meinungsfreiheit materiellen Gewinn erzielt, ist also der Normbruch, das Skandalöse. Zur Untermauerung der Ernsthaftigkeit des Schadens für die Westdeutschen konfrontiert Schnitzler sein Publikum mit enorm hohen Zahlenangaben, die für diese kaum nachzuprüfen sind. Was zählt ist der emotionale Effekt, den die Erwähnung solcher Summen erzielen soll. Berechnend ist auch die scheinbar beiläufige Erwähnung des Deutschen Fernsehfunks als zweites Fernsehprogramm der Westdeutschen. Hier wird der Anspruch betont, Fernsehprogramm aller Deutschen zu sein. Gleichzeitig soll die Überflüssigkeit eines zweiten Westsenders herausgestellt werden, da das Ostfernsehen beispielsweise im Gegensatz zum Westfernsehen die nationalsozialistische Vergangenheit einiger Westdeutscher nicht verschweigt und somit Informationen liefert, die die Westbürger über ihr Fernsehen nicht erhalten. Darauf könnten sich die Westdeutschen- eindeutige Hauptadressaten der Sendung -laut Schnitzler verlassen. Personalisiert wird der Skandal um das geplante zweite Fernsehprogramm durch die Diffamierung zukünftiger Verantwortlicher des zweiten Senders mittels ihrer vermeintlichen Nazi-Vergangenheit. Wenn Eckard als „alter Nazi-Autor" besonders geeignet sein soll, die bundesrepublikanische Regierungspolitik zu propagieren, hieße das nichts anderes, als dass die Regierung in ihrem Fernsehen auch Nazipropaganda verbreiten will.[201].Zweck dieser Dramatisierung ist die Schürung der Kriegsangst unter allen Deutschen, von denen viele den Krieg miterlebt haben. Schnitzler unterstellt der Bundesregierung, gleiche Methoden und Zielsetzung wie die Nationalsozialisten zu haben. Die Indienstnahme des Fernsehens durch die CDU soll an die Gleichschaltung der Medien für kriegspropagandandistische Zwecke unter Hitler erinnern. Das „worst-case-Denken" vom Feind tritt hier zutage. Für die Deutschen geht also eine Gefahr vom Westfernsehen aus, da es für die angebliche Kriegsabsicht eingespannt ist. Es verbreite imperialistisch-revanchistische Ziele. Die Nähe Kalanags- dessen bürgerlichen Namen Skandalisierer Schnitzler entlarvt – zum nationalsozialitischen Propagandaminister unterstreicht die Gefahr noch zusätzlich. Das „neue braune Programm" verdeutlicht, wohin das „Adenauerfernsehen" führen würde. Übertrieben ist der bildhafte Vergleich eines „reinen Bergquells" mit dem „Schwarzen Kanal des Westfernsehens". So negativ wie Schnitzler das Feindfernsehen sieht, muss demnach das neue Programm besonders schädlich sein. Schnitzler beschließt die Sendung mit den Worten:

> Wenn dieses Abkommen [das Münchener] heute im Schwarzen Kanal des Westdeutschen Fernsehens gerechtfertigt wird, dann deshalb, weil gewisse Leute dieselbe Konzeption haben: Gen Osten! [...] Was sich als Ihr Fernsehen bezeichnet (und was sogar noch einen noch schwärzeren Zwillingsbruder bekommen soll),

---

[200] sic!

[201] Die Nazivergangenheit des Pressechefs Eckard wird auch in der Sendung vom 25.4.60 thematisiert.

will Sie also mit allen Mitteln dazu überreden, Selbstmord zu begehen. Finden Sie das nicht bemerkenswert, meine Damen und Herren im Westen?[202]
Hier wird noch einmal auf die Kriegspläne der Regierung und „gewisser Leute" im Westfernsehen angespielt. „Gen Osten" erinnert an Hitlers Eroberungspläne im Osten, womit die Kriegsangst in der DDR geschürt werden soll. Die Westdeutschen werden explizit angesprochen. Dass es „ihr" Fernsehen ist, das zum Kriege hetzt, muss die friedlich gesinnte Öffentlichkeit gegen das sie vertretende Medium empören. Die Institution Westfernsehen wird hier personifiziert und kriminalisiert durch die übertriebene Unterstellung, es versuche aufgrund der Kriegshetze die Westbürger in den Selbstmord zu treiben. Das geplante Programm soll sogar noch schlimmer als sein „schwarzer Zwillingsbruder" sein. Wieder dient die scheinbar beiläufige Erwähnung dieses Programms der Betonung der Gefahr. Alle westdeutschen Massenmedien – Zeitungen, Fernsehsendungen, Rundfunkstationen und Filme – sollen den Zuschauer „mit dem Krieg vertraut machen und seine gesunden, humanen Hemmungen abbauen".[203] Schnitzler benutzt hierfür das Schlagwort der „psychologischen Kriegsführung", gleich viermal in derselben Sendung.[204] Journalisten in der Bundesrepublik seien „Militaristen", wenn sie der Bonner Regierung und der Bundeswehr durch die Verbreitung „frecher Lügen" und „Verkehrung der objektiven Wahrheit" – sprich Schnitzlers Wahrheit – Schützenhilfe leisteten und die Kriegsvorbereitung rechtfertigten.[205] Der gesamte Berufsstand der Journalisten soll hier in Misskredit gebracht werden. Die rhetorische Frage am Ende der Sendung vom 1.8.60 soll den Westdeutschen ins Gewissen reden, dass sie sich von ihrem Fernsehen manipulieren ließen. Ebenso steht am Ende der Sendung vom 3.10. eine rhetorische Frage mit demselben Ziel und ein Aufruf an die Westdeutschen:
> Keinen Militarismus darf es mehr geben-das ist unsere Forderung; und ist es nicht auch Ihre? Schluß mit der antikommunistischen Hetze, die auf den Bruderkrieg hinausläuft.[206]

Da die westdeutschen Zuschauer natürlicherweise keinen Krieg wollen – schon gar nicht gegen mögliche Verwandte in der DDR – müssen sie sich demnach auf Schnitzlers Seite und gegen ihr Fernsehen stellen.

Auf das Skandalisierungsmittel der Personalisierung sowie auf Kriminalisierung zur Feindbildkonstruktion greift Schnitzler in seiner Kommentierung der westdeutschen Berichterstattung zum Eichmannprozess zurück. Im „Schwarzen Kanal" vom 10.4.61 bezeichnet er den „Bild"-Journalisten Hans Zehrer und den Fernsehjournalisten Höfer als „Adenauer-Journalisten".[207] Diese „ad-hoc"-Prägung[208] dient einzig dazu, sowohl Regierungsspitze wie auch Journalisten des Nachbarstaates zu diffamieren und Hass auf sie zu projizieren. Der Begriff soll noch einmal suggerieren, dass westdeutsche Journalisten allein für Adenauer

---

[202] MS zur Sendung vom 1.8.60, in: DRA SG FS, E065-02-04_0001014, S. 15.
[203] MS zur Sendung vom 3.10.60, in: DRA SG FS, E065-02-04_0001027, S. 7.
[204] Ebd. S. 8, 9, 10, 11.
[205] Ebd. S. 9, 10.
[206] Ebd. S. 12.
[207] MS zur Sendung vom 10.4.61, in: DRA SG FS, E065-02-04_0001054, S. 3.
[208] *ad hoc [lat.]-für dieses, eigens für diesen Zweck.*, vgl. Klaus/Buhr (Hg.), Philosophisches Wörterbuch, s.v. „ad hoc".

und seine CDU-Regierung arbeiten, von Adenauer persönlich „rekrutiert"wurden. Sie könnten deshalb nicht objektiv und somit nicht glaubwürdig sein. Höfer sei „Aufpasser" und „Sprachregler"[209] -erneut eine Projektion der DDR-Verhältnisse auf die Bundesrepublik. Somit ist Höfer in diesem Fall Feindbild und Zielscheibe der Skandalisierung. Er versuche, die Schuld am Holocaust abzuwälzen, damit Bonn nicht als alleiniger Belasteter dastehe.[210] Somit stehe das Westfernsehen als „Schutzschild" vor „notorischen Verbrechern im Bonner Staatsapparat" anstatt sie zu entlarven.[211] Mit Empörung und scharfer Ironie skandalisiert er im im folgenden die westdeutsche Mediensituation:

> Notorische Verbrecher im Bonner Staatsapparat-die schaden nichts; aber wenn man sie entlarvt-dann „schadet man der Bundesrepublik"! Eine feine Logik! Und wehe, einer tanzt mal aus der Reihe und geht den Dingen etwas tiefer auf den Grund: Ja, lieber junger Kollege aus Wien: Das hätten Sie natürlich nicht tun dürfen: in Adenauers erstem Programm unter Adenauers erstem Tonangeber [Höfer] ernsthaft nach der „Bewältigung der Vergangenheit" zu fragen-da muß ja dem Herrn Höfer die Zornesader schwellen und der freiheitlich-demokratische Kragen platzen: „Mit welchem Recht wagen Sie solche Fragen überhaupt zu stellen? Da ist nämlich die Grenze der vielgerühmten „Freiheit" erreicht. Höfer, Globke, Foertsch-die haben Freiheit-soweit sie im Sinne Globkes und Foertschs schreiben. Aber wehe, jemand unterzieht sie einer grundsätzlichen Kritik[...].[212]

Mit den bildhaften Redewendungen „etwas auf den Grund gehen", „aus der Reihe tanzen" und „da muss der Kragen platzen" passt Schnitzler sein Stil der Alltagssprache seines Publikums an, um das Interesse wachzuhalten. Dabei ändert er diese für eigene Aussagezwecke und schafft neue Wortkombinationen wie beispielsweise den „freiheitlich-demokratischen Kragen", der das Bild der eingeengten Freiheit heraufbeschwören soll. Die Imperative haben ebenfalls den Sinn, die Zuschauer wachzurütteln. Zudem haben die Redewendungen im Zusammenhang mit der ironischen Drohung „wehe" einen komischen Effekt. Skandalisierer Schnitzler will seine westdeutschen Kollegen lächerlich machen. Personalisiert wird der Skandal erneut durch Adenauer, in dessen Besitz das Westfernsehen gerückt wird und durch den ihm scheinbar untergebenen Höfer. Beide werden somit zu Feindbildern stilisiert.

Seine Kritik übertreibt Schnitzler schließlich polemisch mit der Aussage, Eichmann müsse aufgrund weiterer „Argumente" Höfers freigesprochen werden.[213] Auch in der Sendung vom 15.5.61 wird Höfer als „Geschichtsfälscher" und „Globkes Fürsprecher" diffamiert.[214] Damit unterstellt der Skandalisierer Schnitzler dem westdeutschen Journalisten, auf die Freilassung eines Mörders hinzuarbeiten, vor allem um zu verhindern, dass dieser die „Mittäter und Mitwisser"[215] in der Bundesrepublik verrät:

> Nur kein Wort über die wahrhaft Schuldigen: Über die Herren der Monopole und Konzerne[...]. Kein Wort über sie. Und kein Wort über Globke. In Höfers ganzer

---

[209] MS zur Sendung vom 10.4.61, in: DRA SG FS, E065-02-04_0001054, S.6.
[210] MS zur Sendung vom 10.4.61, in: DRA SG FS, E065-02-04_0001054, S.7.
[211] Ebd. S. 5.
[212] Ebd. S. 5 f.
[213] Ebd. S.7.
[214] MS zur Sendung vom 15.5.61, in: DRA SG FS, E065-02.04_0001059, S. 6.
[215] MS zur Sendung vom 10.4.61, in: DRA SG FS, E065-02-04_0001054, S. 1.

Sendung gestern kein Wort über Globke. Und in den nächsten Wochen und Monaten möglichst auch nicht[...]. Endlich ist der lebendige Schuldige [Eichmann] gefunden! Alle Rohre auf ihn! Und ja nicht auf seine Mittäter und Mitwisser in Bonn.[216]

Viermal wiederholt Schnitzler in kurzen einprägenden Sätzen das Verschweigen von Tatsachen und Verdecken der Schuldigen im Westfernsehen. Als Beweis führt er wiederum Höfers Sendung an. Dem Journalisten wird nicht nur ein „Tohuwabohu von Verwirrungs-und Vernebelungskünsten" sowie „platter Schematismus" vorgeworfen.[217] Er wird zudem in die nationalsozialistische Ecke gedrängt, indem Schnitzler ihn an anderer Stelle als „braunen Lügner" diffamiert, der „frech und herrisch im besten SA-Jargon" spricht.[218] Seine ironische Selbst-Korrektur dient nur dazu, um auf die nationalsozialistische Vergangenheit Höfers zu sprechen zu kommen und so seine Argumentationsweise noch zu schärfen:

> Pardon, ich möchte nichts falsches behaupten; sagen wir also im besten Stil, den er einst als Hitlers Kriegsberichterstatter in der Nazi-Propagandakompanie geschrieben hat.

Höfer ist also selbst Mittäter und Mitwisser und seine Bemühungen, Globke zu decken, erscheinen skandalwürdig unter dem Gesichtspunkt des Selbstschutzes vor einer Strafverfolgung.

Die Zuschauer sollen sich aufgrund der angeblichen Fehlinformationen durch das Westfernsehen als Geschädigte sehen. Die Verfehlung der Westmedien liegt vor allem auf moralischer Ebene, da sie Schnitzlers Aussage zufolge den Prozess gegen Eichmann nutzen, um diesen als Sündenbock zu opfern, während die wahrhaft Schuldigen in der Bonner Regierung sitzen. Skandalös ist also nicht nur die Existenz von „Tätern" in der Bundesrepublik, sondern besonders deren Tabuisierung durch das Westfernsehen. Demnach haben die Westmedien entscheidend Anteil an der Verhinderung einer „echten" Vergangenheitsbewältigung in der Bundesrepublik. Ein Bemühen um Aufarbeitung der Vergangenheit durch die Medien im Westen wird so vollständig geleugnet, und jeglicher Beitrag des bundesrepublikanischen Fernsehens zur Bewältigung der Vergangenheit kann pauschal als Beitrag zum Schutz von „Mittätern" diffamiert werden.[219] Allerdings widerspricht sich Schnitzler selbst, wenn er Höfer einerseits vorwirft, auf die Freilassung Eichmanns abzuzielen, andererseits aber Eichmann aber willkommen sei, für alle anderen Täter zu büßen.

Am Ende der Sendung richtet Schnitzler das Wort an seine „Kollegen von der westberliner und von der westdeutschen Presse: und Ihr vom Rundfunk und vom Fernsehen, die ihr mir jetzt zuhört oder die Ihr morgen [...] den Abhörbericht lest".[220] Mit bissiger Ironie zieht er sie erneut ins Lächerliche:

---

[216] Ebd. S. 7 f.

[217] MS zur Sendung vom 11.4.60, in DRA SG FS, E065-02-04_0001004, S. 2.

[218] MS zur Sendung vom 15.5.61, in: DRA SG FS, E065-02-04_0001059, S. 9.

[219] Auch in der Sendung vom 6.2.61 wirft Schnitzler Höfers Frühschoppen und weiteren Westsendungen vor, für Bonn Propaganda zu machen und die Nazi-Vergangenheit zu verfälschen. In der Sendung vom 26.4.65 wirft er dem Westfernsehen gar vor, in einer Dokumentation Hitler zu verherrlichen.

[220] MS zur Sendung vom 10.4.61, in: DRA SG FS, E065-02-04_0001054, S. 8.

> Psst,psst! Denkt an eure Karriere und an Eure Freiheit: Seit[221] vorsichtig und behutsam und laßt Globke, [...] und andere aus dem Spiel! Verbrennt Euch nicht Mund und Finger und setzt Euch nicht in die Nesseln![222]

Diese Anrede dient auch dazu, seinem Zielpublikum, vor allem in Westdeutschland, noch einmal zu verdeutlichen, dass die Westjournalisten nur einseitig berichten können, da sie sonst Arbeitsplatz und Freiheit verlieren würden. Schon der Alltagsstil mit seinen Redewendungen macht klar, dass die eigentlichen Adressaten nicht die Westkollegen, sondern das westliche Skandalpublikum ist, das sich gegen die Lügen der Politiker und „ihres" Fernsehens empören soll. Schnitzler projiziert auch hier prekäre die Situation der Journalisten in der DDR auf die Bundesrepublik, um durch diese Umkehrung der Verhältnisse seine eigene Glaubwürdigkeit und die seiner Kollegen im Ostfernsehen wiederum zu steigern.

In den späten 60er Jahren, unter der Großen Koalition, ändert sich die Darstellung des Feindfernsehens nicht. In der Sendung vom 23.1.67 behandelt Schnitzler das Westfernsehen als „sein erstes Thema".[223] Empörung soll hervorrufen, dass dieses versuche, „seine Zuschauer für dumm zu verkaufen". Jeder DDR-Bürger, aber auch jeder Bundesbürger oder Westberliner, der das Ostfernsehen sehe, wisse schließlich vom „Schwindel" mit den Notstandsgesetzen:

> Sowohl die Notstandsgesetze, die bereits in Kraft sind, als auch die illegalen und noch im Verborgenen blühenden sind Willkürklauseln, die keineswegs für den „äußeren Notstand" gedacht sind, also für den Krieg, sondern zur Anwendung vorher und im Innern, gegen die Arbeiter zumal, zum Niederhalten jedes Widerstandes gegen die Kriegsvorbereitung. So entlarvt ein Satz im Westdeutschen Fernsehen den ganzen Schwindel, der sich da als „freiheitliche Meinungsbildung" ausgibt.

Sein Thema sind also sehr wohl die Notstandsgesetze, auch wenn er das im ersten Satz der Sendung verneint, und nicht nur das Westfernsehen, dessen „Schwindel" er hier nutzt, um auf die Gesetze zu sprechen zu kommen. Schnitzler postuliert erst einmal, dass viele Bundesbürger und Westberliner sich über das Ostfernsehen informieren und somit die Lügen des Westfernsehens erkennen können. Implizit aber zielt er damit auf Gewissensbisse bei denjenigen, die sich nur über das Westfernsehen informieren und somit selbst Schuld daran sind, für dumm verkauft zu werden. Natürlich will kein Zuschauer als schlecht informiert gelten, und niemand wird gerne zugeben, Falschinformationen gutgläubig vertraut zu haben. Schnitzler hat dabei auch die DDR-Bürger im Visier, die den Informationen aus dem Westfernsehen eine größere Glaubwürdigkeit beimessen als dem eigenen Fernsehen.

Das Westfernsehen belüge in dem Fall seine Zuschauer über den wahren Zweck der Notstandsgesetze, über den Schnitzler sie aber dann aufklären kann. „Willkürklauseln" evoziert bei der Mehrheit der Zuschauer sicherlich die Erinnerung an Willkürmaßnahmen der NSDAP gegen Feinde im Innern. Schnitzler bezeichnet sie als „illegal", um Regierung und indirekt auch das Westfernsehen, das das wahre Ziel der Notstandsgesetze verdeckt, zu kriminalisieren. Der Moderator

---

[221] sic!
[222] MS zur Sendung vom 10.4.61, in: DRA SG FS, E065-02-04_0001054, S. 8.
[223] MS zur Sendung vom 23.1.67, in: DRA SG FS, E065-02-04_0001340, S. 1.

nennt bewusst wieder einmal die Arbeiter als die Hauptgeschädigten mit dem Ziel, diese auf seine Seite und somit der DDR zu ziehen. Die Betonungen[224] in seiner Kommentierung dienen der Dramatisierung der Gefahr für die Bürger. Schnitzler interpretiert den Zweck der Notstandsgesetze in seinem Sinne um, nur um wieder auf die Kriegsvorbereitungen zu sprechen zu kommen, die mit Hilfe der neuen Gesetze durchgesetzt werden sollen. Und das Westfernsehen fahre diesen Kriegskurs weiterhin mit, auch wenn es vorkommt, dass es seinen eigenen „Schwindel" durch einen Satz entlarvt. Schnitzler pickt sich also willkürlich die Sätze aus den Westsendungen heraus, die in seine Argumentation passen, während er den Rest als Lügen hinstellt. Als Skandalisierer gibt er vor, Wahrheit von Unwahrheit unterscheiden zu können, jede Unwahrheit entlarvt er in seiner Sendung. „Realisitische Töne" im Westfernsehen gibt es für ihn nur, wenn diese nicht mehr „zur Gänze unterdrückt werden können".[225] Er selektiert Informationen also gerade so, wie sie in sein Feindbild „Westfernsehen" passen. Einzelfälle werden als typisch für den Feind präsentiert. Das zeigt auch die folgende moralische Diskreditierung des Feindes durch die Erwähnung der „Lobpreisung des Kriegsverbrechers Wurster unter Mißbrauch Friedrich Schillers" und des „Geburtstagsglückwunsches für den Kriegsverbrecher Schacht" im „Fernsehen der drei Westzonen und der drei westlichen Vororte unserer Hauptstadt".[226] Die Ehrung von Kriegsverbrechern stützt Schnitzlers These von der Kriegspropaganda des Westfernsehens. Abwertend ist die Bezeichnung der Bundesrepublik als die drei Westzonen, um ihr die Legitimität als deutschen Staat zu nehmen. Westberlin besteht für ihn aus drei Vororten und ist Teil der Hauptstadt der DDR. Schnitzler benutzt diese Bezeichnung des Westfernsehens, um die Ansprüche der DDR gegenüber der großen Koalition und ihrer neuen Ostpolitik zu verdeutlichen und bundesrepublikanische Ansprüche auf Westberlin zurückzuweisen.

In der Sendung vom 26.10.70 mit dem Titel „Das Millionenspiel" thematisiert Schnitzler Gewalt im Westfernsehen. Die Sendung wurde wie erwähnt gerügt, und tatsächlich ist die Kommentierung bei nur vier Seiten Manuskript knapper ausgefallen als in den meisten anderen Sendungen, dafür aber mindestens genauso polemisch:

> „Das Millionenspiel", ausgegeben (in falschem Deutsch) als „Fiktion auf das Fernsehen der Zukunft"; vorgeblich inszeniert als Persiflage, als Parodie auf das Westdeutsche Fernsehen von heute; in Wirklichkeit makaber, symptomatisch für das System, das so etwas hervorbringt; aufschlussreich für die Gesellschaft, die sich so etwas bieten läßt; und dem heutigen Westfernsehen viel ähnlicher, als es die Schöpfer dieses „Millionenspiels" beabsichtigt haben...[...]Und dann geht die Show los-mit Ballett und einem Spielmeister Heck, der nur sich selbst zu spielen braucht; [...] Und streng im Rahmen eines „Gesetzes zur aktiven Freizeitgestaltung" jagen drei Killer-die „Köhlerbande"-einen Mann, dem eine Million Mark winkt, wenn er überlebt; [...] Die Gangster sind gehalten, „jede Beschädigung von Personen oder Sachen zu vermeiden"-außer dem Kandidaten Lotz, natürlich. Die

---

[224] Schnitzler unterstreicht in seinen Manuskripten auch einzelne Silben, die er betont. Ich übernehme nur die für die Analyse bedeutenden Betonungen von Einzelwörtern. (Anm. d. Verf.)

[225] MS zur Sendung vom 23.1.67, in: DRA SG FS, E065-02-04_0001340, S. 5.

[226] Ebd. S. 4.

Prämien richten sich nach „Spieldauer und Tötungsschwierigkeit", also nach einem „Wert-Zeit-Prinzip". Und 50 Millionen und mehr sehen zu. Zu ihrem Vergnügen wird das Ganze veranstaltet...[...] Aber ein hübscher Gefühlskitzel für Dauerkonsumenten von 007, Percy Stewart, John Kling, Kommissar, Twen-Police, Doktor Marbuse, Invasion von der Wega, westlich von Santa Fe, Big Valley, Simon Templar und ähnlichem. Wohlgemerkt: Nichts gegen einen guten Krimi. Aber das ist ein bißchen zu viel, als daß man nicht die Absicht merkt: „Zäh wie Leder, schnell wie Windhunde und vor allem hart wie Kruppstahl" sollen Westdeutschlands Zuschauer werden-so wie Bernhard Lotz. Acht seiner Vorgänger sind beim gleichen Spiel vor den Augen der Fernsehöffentlichkeit schon erjagt und umgelegt worden, andere haben aufgegeben-weil sie „schlapp" waren, „Feiglinge, „Memmen". [...] Und da man im Westdeutschen Fernsehen in den achtziger Jahren immer noch Konzerne für möglich hält („Konzerne ihres Vertrauens", wie der „Stabil-Elite-Trust", der das Millionenspiel finanziert), gibt`s natürlich zwischen der Menschenjagd auch Konsumentenjagd, d.h. Reklame...[...] Denn, meine Damen und Herren, was hier ins Ungeheuerliche, Antihumanistische gesteigert wird-angeblich als Vision von 1980-das gibt es ja in erkennbaren Ansatzpunkten bereits heute in vielen Sendungen des Westdeutschen Fernsehens (und nicht nur in Krimis und Western, sondern auch in Filmen, Fernsehspielen, Sportreportagen, Quiz-Veranstaltungen und Familienserien).[...]Kein Wunder, wenn in der Bundesrepublik die Zahl der Verbrechen und die Zahl der unaufgeklärten Verbrechen ständig wächst[...]. Aber gewiß wird der „Job" ausgeführt-wie so viele andere Verbrechen, für deren Ausübung Film und Fernsehen im Westen eine so hervorragende „Berufsausbildung" liefern...[...]. Ja, und Westdeutschlands Fernsehen von heute bot gleichfalls Gelegenheit, diesem „Vorbild für die Jugend" mit der „traumhaften Karriere" nachzueifern[...]. Das wär doch gelacht, wenn man die Leute nicht durch Gewöhnung an solche Situationen so zäh und hart machen könnte, wie Strauß und Konsorten sie sich wünschen: „Menschenmaterial" wie Lotz und die Köhlers und was da noch im Westdeutschen Fernsehen herumheckt und herumtönt und in anderen Sendungen von Menschlichkeit, Abendland und Kultur schwätzt.[227]

Schnitzler zieht einen Fernsehfilm im Westfernsehen heran, um die Unmoral des ganzen Systems zu beweisen. Eine Parodie und Zukunftsvision des Westfernsehens wird genutzt, um den Wirklichkeitscharakter solcher Sendungen im gegenwärtigen Westfernsehen zu demonstrieren. Die westdeutsche Gesellschaft wird gerügt, weil sie zu Millionen diese „makabere" Sendung ansieht und sie deswegen erst möglich macht. Dass unter der hohen Zuschauerzahl mit Sicherheit auch ein großer Teil Ostdeutscher waren, verschweigt Schnitzler.Er kommentiert teilweise die Spielshow im Fernsehfilm so, als wäre sie Realität im Westfernsehen, um seine Argumentation von der Unmoral des Feindfernsehens zu untermauern. Die Einspielung von Filmausschnitten anstelle der gewohnten realen Sendeausschnitte aus dem Westfernsehen sowie die Nennung der 50 Millionen Zuschauern, bei denen Schnitzler bewusst offen lässt, ob sie sich auf die Show im Film oder auf die Filmzuschauer beziehen, betonen, wie die Grenzen zwischen Wahrheit und Fiktion verschwimmen. Dazu passt auch, dass er Heck[228] als Spielmeister der Show bezeichnet, der aber nur die Rolle des Spielmeisters in dem Film

---

[227] MS zur Sendung vom 26.10.70, in: DRA SG FS, E001-00-01_0002094, S. 1-4.
[228] Heck wird schon in früheren Sendungen diffamiert, beispielsweise als „CDU-Heck" in der Sendung vom 4.3.68, S. 4.

übernimmt. Wenn Schnitzler sagt, dieser spiele sich selber, untermauert er, dass diese Spielshow nahe an der westdeutschen Realität ist. Hecks Fernsehrolle im „Millionenspiel" benutzt, um das Westfernsehen und seine Mitarbeiter zu diffamieren. Schnitzler versucht hier das Feindfernsehen zu kriminalisieren, unterstützt durch Bilder aus einem Film. Dieser liefert ihm genau das richtige Material, um die Gefahr, die vom Westfernsehen ausgeht, zu zeigen. Kritisiert werden zusätzlich „Dauerkonsumenten" von Krimis, Agentenfilmen, Western und Science-Fiction. Schnitzler setzt eine Sendung, die sich als Persiflage kritisch mit dem eigenen Medium auseinandersetzt, pauschal mit anderen Sendungen des Westfernsehens gleich. Den Zuschauern des Westfernsehens soll eingeredet werden, dass sie selbst unmoralisch handeln, wenn sie- wohlgemerkt fiktiven- Mord als Unterhaltung akzeptieren. Auch die Nennung der acht Vorgänger Lotzs, die beim gleichen Spiel „vor den Augen der Fernsehöffentlichkeit" „erjagt" und „umgelegt" worden sind, klingt so, als hätte dies wirklich im Westfernsehen stattgefunden, und als akzeptiere die Fernsehöffentlichkeit die „Menschenjagd" als „aktive Freizeitgestaltung". Die Vokabeln „erjagen", „umlegen", „Killer" und „Gangster" emotionalisieren und dramatisieren zusätzlich die unmenschlichen Vorgänge im Fernsehen. Wie im Film wird scheinbar auch schon im Westfernsehen für Geld gemordet, und der Zuschauer soll sich daran gewöhnen, um „hart wie Kruppstahl" zu werden. Mit dieser Redewendung wird wieder mit der Kriegsangst und der Erinnerung der Zuschauer an den Zweiten Weltkrieg gespielt. Auch der Begriff „Menschenmaterial" wird mit Krieg und der Abwertung des menschlichen Lebens konnotiert. Auffälligerweise wird der Skandal im Westfernsehen aber nicht mit der sozialliberalen Regierung, sondern mit „Strauß und Konsorten" in Verbindung gebracht. Das Westfernsehen wird also immer noch als von der CDU/CSU abhängige Institution dargestellt, vermutlich, um die SPD infolge der Entspannungsverhandlungen zu schonen. Schnitzler kriminalisiert das Westfernsehen zusätzlich noch durch die übertriebene Behauptung, es bilde für Verbrechen aus und sei Schuld an der Zunahme von Verbrechen und der unaufgeklärten Verbrechen in der Bundesrepublik. Schnitzler liefert wieder eine einfache Lösung, wenn er im Feindfernsehen die alleinige- und auch noch beabsichtigte- Ursache für Kriminalität sieht. Ironisch spricht er von einer „traumhaften Karriere" für die Jugend im „Millionenspiel", das heißt, er nutzt das Missverständnis dreier Männer, die sich tatsächlich als Kandidaten für die nächste Sendung beworben haben, für seine Argumentation des Wirklichkeitscharakters solcher Sendungen aus. Deren Bewerbung dürfte aber wohl eher zum Schmunzeln als zur Empörung angeregt haben. Schnitzler richtet sich indirekt an die Zuschauer im Osten, die auf Westprogramme verzichten sollen, weil sie unkulturell sind, denn von Kultur werde im Westen – wie von Menschlichkeit – nur „geschwätzt". Schnitzler unterscheidet hier die Unkultur des primitiven feindlichen Kapitalismus, die im Gegensatz zur Kultur des Sozialismus steht. Da Schnitzler pauschal so gut wie allen Sparten des Westprogramms Antihumanismus unterstellt, bleibt eigentlich keine Sendung im Westfernsehen, die man bedenkenlos ansehen könnte. Auch die Werbung im Fernsehen wird polemisch als reaktionäre, da im Film noch in den 80er Jahren vorhandene, „Konsumentenjagd" der Konzerne abgewertet. Die Parallelität von Menschen-und Konsumentenjagd, soll die Unmenschlichkeit der Profitgier im Kapitalismus unterstreichen. Schnitzler beschließt die Sendung mit dem Wortlaut des langen ersten Satzes seiner Kommentierung, um durch diese Wiederholung seinen Zuschauern noch einmal deutlich zu machen, wie realitätsnah das „Millionenspiel" ist.

# VI. Vergangenheitsbewältigung

## VI.1 Vergangenheitsbewältigung in der Bundesrepublik

Zwei Themen wurden nach der Gründung der Bundesrepublik zu Grundpfeilern symbolischer Abgrenzung vom „Dritten Reich" bzw. der „Vergangenheitsbewältigung", wie es seit Mitte der 50er Jahre häufiger hieß: der nationalkonservative Widerstand des 20. Juli 1944 und die „Wiedergutmachung" der Verbrechen an den Juden und die „Aussöhnung" mit Israel.[229] Das ehrende Gedenken der Widerständler wurde von Adenauers Regierung zur moralischen Legitimation des jungen Staates instrumentalisiert. Besonders die Parallelisierung dieser „Teilvergangenheit" mit dem 17. Juni 1953, dem Symbol der Auflehnung gegen die stalinistische Diktatur, erleichterte die Popularisierung des nationalkonservativen Widerstands. Entlastende Wirkung für das deutsche Volk, das im Grunde als Opfer und nicht als mitschuldig im Sinne einer Bejahung der Ziele Hitlers erscheinen sollte, ging von der „Totalitarismus-Theorie" aus. Diese rückte den Nationalsozialismus an die Seite der kommunistischen Diktaturen, so dass Kontinuitäten in der Gegenwart eher den sozialistischen Staaten, vor allem natürlich der DDR, angetragen werden konnten.[230] So konzentrierten sich die Sorgen des politischen Denkens nicht nur auf einen möglichen Neonazismus, sondern erstreckten sich genauso auf den aktuellen Kommunismus.[231]

Zwar begann die Erforschung der NS-Zeit früh, aber die Erklärung des Aufstiegs der NSDAP aus zufälligen Faktoren wie der militärischen Niederlage, der wirtschaftlichen und politischen Krise zwischen 1930 und 1933 ließ bewusst Raum für unbelastete Traditionen auch in der jüngeren Vergangenheit.[232] Nach Andreas Wöll muss man daher anstelle des Verschweigens der Vergangenheit in der Nachkriegszeit eher von einer strategischen Tabuisierung sprechen, die aber die Option der Kommunikation nicht preisgab.[233] Das Bild vom 20. Juli erfuhr ab der zweiten Hälfte der 60er Jahre eine Differenzierung.[234] Das NS- Regime erschien nicht mehr als Herrschaft einer kleinen Clique, jetzt wurde das Bild eines nationalsozialistischen Deutschlands entworfen. Daher konnte sich der politische Neuanfang in der Nachkriegsdemokratie und das Gedenken an den Wi-

---

[229] Schildt, Axel, Der Umgang mit der NS-Vergangenheit in der Öffentlichkeit der Nachkriegszeit, in: Loth, Wilfried/Rusinek, Bernd-A. (Hg.), Verwandlungspolitik. NS-Eliten in der westdeutschen Nachkriegsgesellschaft, Frankfurt/Main, New York 1998, S. 41 f.

[230] Blänsdorf, Agnes, Die Einordnung der NS-Zeit in das Bild der eigenen Geschichte, in: Bergman, Werner/Erb, Rainer/Lichtblau, Albert (Hg.), Schwieriges Erbe. Der Umgang mit Nationalsozialismus und Antisemitismus in Österreich, der DDR und der Bundesrepublik, S. 34.

[231] Kittel, Manfred, Die Legende von der „Zweiten Schuld". Vergangenheitsbewältigung in der Ära Adenauer, Berlin, Frankfurt/Main 1993, S. 62.

[232] Blänsdorf, Bild der eigenen Geschichte, S. 34.

[233] Wöll, Andreas, „Wegweisend für das deutsche Volk". Der 20. Juli 1944, in: König, Helmut/Kohlstruck, Michael/Wöll, Andreas (Hg.), Vergangenheitsbewältigung am Ende des zwanzigsten Jahrhunderts, Opladen/Wiesbaden 1998, S. 26.

[234] Wöll, „Wegweisend für das deutsche Volk", S. 28 f.

derstand auch nicht mehr bruchlos auf politische und gesellschaftliche Traditionen im vornationalsozialitischen Deutschland, wie beispielsweise im Kaiserreich, beziehen. Gleichzeitig änderte sich ab Ende der 50er Jahre das öffentliche Klima für die Auseinandersetzung mit dem Dritten Reich.[235] Ursachen waren einmal die rasch gestiegene zeitgeschichtliche Informiertheit über den Nationalsozialismus, besonders auch über die elektronischen Medien. Die TV-Dokumentation „Das Dritte Reich" sah 1960/61 ein Fünftel der westdeutschen Bevölkerung. Auch Eichmann-und Auschwitzprozess konnten im Fernsehen mitverfolgt werden. Zum anderen sorgte eine Reihe von Justizskandalen – NS-Belastete Richter hatten antisemitische Straftäter begünstigt – Ende der 50er Jahre in der Boulevardpresse für erhöhte Aufmerksamkeit.

Einen Schub erhielt die öffentliche Thematisierung auch mit der Schändung der Kölner Synagoge und einer Welle von Hakenkreuzschmierereien 1959/60.[236] Gleichzeitig geriet die Bundesregierung immer stärker unter Druck aufgrund der NS-Vergangenheit einiger ihrer Minister und Staatssekretäre. Im Zentrum der Öffentlichkeit standen Staatssekretär Globke, wie auch Oberländer und Seebohm – obwohl sie sich bereits seit Anfang der 50er Jahre in politischen Spitzenstellungen befanden. Auch dies ist ein Zeichen für die Veränderung der politischen Kultur. Allerdings wurden die 50er Jahre von kritischen Zeitgenossen schon früh als Zeit einer Renazifizierung oder zumindest der Rückkehr der alten Eliten wahrgenommen.[237] Bezogen auf die Justiz war dies ein realistisches Urteil, denn schon 1948/49 waren zu 90 Prozent wieder Richter und Staatsanwälte in den Westzonen im Dienst, die auch vor 1945 schon amtiert hatten. Unter ihnen waren viele, die während des Dritten Reiches an den über 27.000 Todesurteilen des Volksgerichtshofes und anderen Gerichten mitgewirkt hatten. Nach Abbrechen der Entnazifizierung 1947/48 wurden ihre letzten Verfechter von der Wiedereinstellungspraxis nach Artikel 131 des Grundgesetzes überholt.[238] Durch diesen wurden die Amtsenthebungen, die in erster Linie die öffentliche Verwaltung, die Beamtenschaft und das Bildungswesen betroffen hatten, mit wenigen Ausnahmen wieder rückgängig gemacht. Trotzdem wurden höhere Funktionsträger aus dem Sicherheitsapparat, dem Informations-und Kulturbereich sowie die Organisationselite der NSDAP und der SS bleibend aus dem Öffentlichen Dienst verdrängt. Einige NS-und SS-Technokraten kamen jedoch in der Industrie und im Versicherungswesen unter. Besonders prekär war die personelle Kontinuität im Auswärtigen Amt, da der diplomatische Dienst im Ausland die „Visitenkarte" der Bundesrepublik abgeben sollte.[239] Als Markstein im Bemühen

---

[235] Schildt, Der Umgang mit der NS-Vergangenheit , S. 45 ff.

[236] Ebd. S: 50 f.

[237] Kohlstruck, Michael, Das zweite Ende der Nachkriegszeit. Zur Veränderung der politischen Kultur um 1960, in: Schaal, Gary S./Wöll, Andreas (Hg.), Vergangenheitsbewältigung. Modelle der politischen und sozialen Integration in der bundesdeutschen Nachkriegsgeschichte, Baden-Baden 1997, S: 114.

[238] Schmidt, Ute, Hitler ist tot und Ulbricht lebt. Die CDU, der Nationalsozialismus und der Holocaust, in: Bergman, Werner/Erb, Rainer/Lichtblau, Albert (Hg.) , Schwieriges Erbe. Der Umgang mit Nationalsozialismus und Antisemitismus in Österreich, der DDR und der Bundesrepublik, S. 83.

[239] Kittel, Die Legende von der „Zweiten Schuld", S. 124.

um die Vergangenheitsbewältigung erwies sich die Gründung der „Zentralen Stelle zur Aufklärung der NS-Verbrechen" 1958, die erst die großen NS-Prozesse der 60er Jahre ermöglichte.[240] Die Reintegration ehemaliger Nazis und das Versäumnis, die Rückkehr der Emigranten zu fördern, zeigt dennoch das ambivalente Verhältnis der bürgerlichen Eliten zu den Tätern und Opfern des NS-Regimes.[241] Symptomatisch für die Vergangenheitsbewältigung im westdeutschen Staat waren schließlich auch die Verjährungsdebatten im Bundestag von 1960, 1965, 1969 und 1979.[242] Erst 30 Jahre nach der Konstituierung der Bundesrepublik war gewährleistet, dass nationalsozialistische Gewaltverbrechen wenigstens theoretisch geahndet werden konnten, auch wenn sie erst spät bekannt wurden. Als größter und wirtschaftlich stärkster Teil Deutschlands stand die Bundesrepublik von vornherein weitaus mehr unter dem Schuld-und Kontinuitätsverdacht des Auslands als die DDR.[243] Daher legitimierte sie sich dadurch, dass sie sich zur Verwirklichung von Rechtsstaatlichkeit und freiheitlich-demokratischen Grundwerten als Konsequenz aus der Erfahrung der NS-Zeit verpflichtete. Sie sicherte zu, für das verübte Unrecht zu haften und übernahm somit das „Erbe" der Vergangenheit. Die Bundesrepublik sah sich als Sachverwalterin des ganzen deutschen Volkes und deshalb als Rechtsnachfolgerin des Dritten Reiches. Die Regierung unter Adenauer vermied es allerdings zunächst aus verschiedenen Gründen, sich mit dem Thema der Ermordung von Millionen europäischer Juden auseinanderzusetzen.[244] Einer hiervon war das Wissen um die Restbestände eines weit verbreiteten antisemitischen Konsenses in der deutschen Gesellschaft. 1952 wurde das Wiedergutmachungsabkommen mit Israel unterzeichnet, dessen politische Funktion allerdings eher in der politischen Aufwertung der Bundesrepublik als in der Rehabilitation der jüdischen NS-Opfer gesehen werden muss. Dennoch war die Wiedergutmachung bedeutend für das deutsch-israelische bzw. deutsch-jüdische Verhältnis. Denn bei der Rückerstattung von geraubten Vermögenswerten und bei der Entschädigung für zugefügtes Leid an Leib und Leben ging es nicht nur um Restitution und Reparationen, sondern auch um einen „sühnenden Akt der Deutschen."[245]

## VI. 2 Vergangenheitsbewältigung in der DDR

Als „antifaschistischer Staat" definierten sich die DDR und die in ihr maßgebenden politischen Gruppierungen durch die Berufung auf die Tradition des deut-

---

[240] Hoffmann, Christa/Jesse, Eckhard, Die „doppelte Vergangenheitsbewältigung" in Deutschland: Unterschiede und Gemeinsamkeiten, in: Weidenfeld, Werner (Hg.), Deutschland – Eine Nation – doppelte Geschichte, Köln 1993 (Materialien zum deutschen Selbstverständnis, Bd. 5), S. 216.

[241] Schmidt, Hitler ist tot und Ulbricht lebt, S. 83 f.

[242] Benz, Wolfgang, Zum Umgang mit der nationalsozialistischen Vergangenheit in der Bundesrepublik, in: Danyel, Jürgen (Hg.), Die geteilte Vergangenheit. Zum Umgang mit Nationalsozialismus und Widerstand in beiden deutschen Staaten, Berlin 1995 (Zeithistorische Studien, Bd. 4), S: 54 f.

[243] Bländsdorf, Bild der eigenen Geschichte, S. 32.

[244] Schmidt, Hitler ist tot und Ulbricht lebt, S. 65.

[245] Reichel, Peter, Vergangenheitsbewältigung, in Deutschland. Die Auseinandersetzung mit der NS-Diktatur von 1945 bis heute, München 2001, S. 73.

schen Widerstandes gegen den Nationalsozialismus.[246] Die Legitimation über den „Antifaschismus" beinhaltete eine doppelte Abgrenzung, zum einen den Alternativanspruch zur deutschen NS-Vergangenheit, zum anderen den Kontrast zur anderen deutschen Staatsgründung. Die Negation der Bundesrepublik, die bis weit in die 60er Jahre hinein als Fortsetzung des Dritten Reiches gedeutet wurde, gehörte zu den entscheidenden Faktoren für die historische und politische Standortbestimmung der DDR. Dabei konnte die politische Führung hier die bundesrepublikanischen Defizite in der Vergangenheitsbewältigung propagandistisch nutzen. Zwar wurden auch in der DDR kleine Nazifunktionäre reintegriert, tatsächlich aber nie in dem Ausmaß wie in der Bundesrepublik.[247] Auch beschränkte sich die DDR nicht darauf, Angehörige der Nazi-Gerichtsbarkeit auf eigenem Territorium abzuurteilen, sondern lieferte der Bundesrepublik Beweisdokumente zu dort amtierenden belasteten Nazi-Juristen.[248] Dass es hierbei mehr um die politische Diffamierung des westdeutschen Staates als um Aufarbeitung ging, liegt auf der Hand. Während in der Bundesrepublik die Kontrastierung von demokratischer Gesellschaft und totalitärer Diktatur den Umgang mit der Nazi-Vergangenheit bestimmte, betonte die DDR den Gegensatz zwischen Sozialismus und Monopolkapitalismus bzw. Imperialismus.[249] Eine Segmentierung des Widerstandes spiegelte sich in der Erinnerungs-und Gedenkstättenarbeit wider. So monumentalisierte die DDR in Buchenwald ihre Selbstlegitimation durch ein Denkmal, das die Kontinuität vom Widerstand gegen das Dritte Reich bis hin zur Gründung eines antifaschistischen deutschen Staates sichtbar machen sollte.[250] Symbolisch für die Rolle der KPD im Widerstandskampf wurde auch der Kult um Ernst Thälmann.[251] Die Bewegung des 20 Juli galt in der DDR über Jahrzehnte nicht als Widerstandsgruppierung, sondern als Auseinandersetzung innerhalb der politischen Klasse, da sie nicht auf die Überwindung der bürgerlichen Ordnung zielte.[252] In der Bundesrepublik betrachtete man hingegen den kommunistischen Kampf gegen das NS-Regime nicht als Widerstand, da dieser es auf die Errichtung einer proletarischen Diktatur absah. Wer das Erbe des Widerstandes gegen Hitler für sich reklamierte und vorgab, es zu repräsen-

---

[246] Danyel, Jürgen/Groehler, Olaf/Kessler, Mario, Antifaschismus und Verdrängung. Zum Umgang mit der NS-Vergangenheit in der DDR, in: Kocka, Jürgen/Sabrow, Martin (Hg.), Die DDR als Geschichte. Fragen-Hypothesen-Perspektiven. Berlin 1994 (Zeithistorische Studien, Bd. 2), S. 148.

[247] Groehler, Olaf, Personenaustausch in der neuesten deutschen Geschichte, in: Sühl, Klaus (Hg.), Vergangenheitsbewältigung 1945 und 1989: ein unmöglicher Vergleich? Berlin 1994, S. 172 f.

[248] Wieland, Günther, Der Beitrag der Deutschen Demokratischen Republik zur Ahndung der Nazi-Justizverbrechen, in: Schoeps, Julius H./Hillermann, Horst (Hg.), Justiz und Nationalsozialismus. Bewältigt – verdrängt – vergessen, Stuttgart/Bonn 1987, S. 48.

[249] Danyel/Groehler/Kessler, Antifaschismus und Verdrängung, S. 150.

[250] Overesch, Manfred, Buchenwald und die DDR oder Die Suche nach Selbstlegitimation, Göttingen 1995, S. 265.

[251] Leo, Annette, „Stimme und Faust der Nation..." – Thälmann-Kult kontra Antifaschismus, in: Danyel, Jürgen (Hg.), Die geteilte Vergangenheit. Zum Umgang mit Nationalsozialismus und Widerstand in beiden deutschen Staaten, Berlin 1995 (Zeithistorische Studien, Bd. 4), S. 207.

[252] Danyel/Groehler/Kessler, Antifaschismus und Verdrängung, S. 150

tieren, konnte einen politischen Führungsanspruch im Nachkriegsdeutschland geltend machen.[253] Wie sehr der Antifaschismus in der DDR instrumentalisiert wurde, zeigen die ideologischen Kampagnen, die die SED seit 1949 gegen die Bundesrepublik ausficht.[254] Das Politbüromitglied Albert Norden entwickelte sich zu einem „spiritus rector" der zu Beginn des Jahres 1960 einsetzenden Kampagnen gegen die „renazifizierte Bundesrepublik".[255] Hintergrund war auch das Eintreten der latenten Systemkrise der DDR in eine akute Phase in diesem Jahr. Die ökonomische und politische Situation verschlechterte sich dramatisch. Adenauer wurde zur Personifikation des Feindbildes und als Nachfolger Hitlers dargestellt. Allerdings waren die Vorwürfe einer Unterstützung der nazistischen Bewegung hier haltlos. Ziel der Kampagnen gegen Richter, Diplomaten, Teile der Bundeswehr und Parteien bzw. gegen Einzelpersonen in Politik und Wirtschaft war die Diskreditierung der Adenauer-Regierung und das Auslösen politischer Krisen, um antifaschistische Kräfte zu sammeln. 1959/60 startete die SED eine Großkampagne gegen den Bundesvertriebenenminister Oberländer.[256] Ein Prozess in der DDR gegen diesen sollte den antifaschistischen Charakter und damit die Rechtmäßigkeit der DDR international kundtun. Weitere Offensiven galten unter anderem dem Bundesverkehrsminister Seebohm oder dem Gesamtdeutschen Minister Lemmer. Ebenfalls 1960 gab es eine Propagandaoffensive gegen Globke, den Mitkommentator der nazistischen Rassegesetze.[257] Als Staatssekretär im Kanzleramt und Ratgeber Adenauers gab er die perfekte Symbolfigur für die „Nazis im Amt" ab. Die letzte unter „antifaschistischen" Vorzeichen geführte Kampagne gegen den angeblichen „KZ-Baumeister" Lübke bildete 1965/66 den Höhepunkt der Kampagnewelle.[258] Dabei war zweifelhaft, ob das Beweismaterial der SED gefälscht war.

So wie die Rezeption des Widerstandes gegen das „Dritte Reich" von einer politischen Werteskala bestimmt war, an deren Spitze der Widerstand der KPD stand und an deren Ende die Opposition aus „nur" humanitären und persönlichen Motiven rangierte, wurden die zahlenmäßig größten Opfergruppen der Juden, Sinti und Roma aus der Erinnerung an die nationalsozialistische Vernichtungspraxis in großem Maße verdrängt.[259] Die Auseinandersetzung mit dem Holocaust beschränkte sich auf die politisch-sozialen Determinanten von Antisemi-

[253] Groehler, Olaf, Verfolgten-und Opfergruppen im Spannungsfeld der politischen Auseinandersetzung in der Sowjetischen Besatzungszone und in der Deutschen Demokratischen Republik, in: Danyel, Jürgen (Hg.), Die geteilte Vergangenheit. Zum Umgang mit Nationalsozialismus und Widerstand in beiden deutschen Staaten, Berlin 1995 (Zeithistorische Studien, Bd.4), S. 18.

[254] Lemke, Michael, Instrumentalisierter Antifaschismus und SED-Kampagnen im deutschen Sonderkonflikt 1960-1968, in: Danyel, Jürgen (Hg.), Die geteilte Vergangenheit. Zum Umgang mit Nationalsozialismus und Widerstand in beiden deutschen Staaten, Berlin 1995 (Zeithistorische Studein, Bd. 4), S: 61.

[255] Ebd. S. 64 ff.

[256] Ebd. S: 67f.

[257] Ebd. S. 70.

[258] Ebd. S. 75.

[259] Danyel/Groehler/Kessler, Antifaschismus und Verdrängung, S. 150 f.

tismus und jüdischer Emanzipation und ignorierte die ethnisch-religiöse Komponente. So wurde die Einmaligkeit des Holocausts verkannt. Dennoch instrumentalisierte die SED den Holocaust, indem sie die politisch und moralisch Schuldigen am millionenfachen Mord an den Juden in der Bundesrepublik verortete.[260] Auch mangelte es der DDR-Führung an der Fähigkeit, gegenüber Israel ein Verhältnis zu erarbeiten, das der moralischen Verantwortung aller Deutschen für Aufarbeitung, Wiedergutmachung und Versöhnung Rechnung getragen hätte.[261] Als selbsterklärte Erbin des „anderen" Deutschlands, das mit seiner Vergangenheit aufgeräumt hatte, lehnte die DDR jegliche Wiedergutmachungsleistungen gegenüber den Überlebenden des Holocausts im Ausland ab. Hinzu kam, dass sie sich der anti-israelischen Politik der Sowjetunion unterordnete, in der Zionismuskritik und latent antisemitische Tendenzen eng miteinander verwoben waren.

### VI.3 *"Der schwarze Kanal" zur Vergangenheitsbewältigung*

### VI.3.1 Die Skandalisierung der Bundesrepublik als Fortsetzung des „Dritten Reiches"

Im „Schwarzen Kanal" wird Lübke bereits in der zweiten Sendung mit dem Dritten Reich in Verbindung gebracht. Schnitzler beleidigt ihn grob als „mißglückte Hindenburg-Imitation".[262] Somit zieht er eine Parallele zwischen dem Amt des Bundespräsidenten und dem Reichspräsidenten. So wie Hindenburg damals den Nationalsozialisten zur Macht verholfen hat, versucht dies angeblich auch Lübke. Dass die Imitation missglückt, soll den Bundespräsidenten skandaltypisch lächerlich machen.

Die Außenpolitik der Adenauerregierung wird in der Sendung vom 4.4.60 als Verlängerung der Außenpolitik Hitlers skandalisiert:

> Der Kanzler hat denn jetzt bald wieder alle alten Achsenpartner beisammen. Nach Franco-Spanien nun also Japan. Hitlers Diplomaten im Bonner Auswärtigen Amt leisten ganze Arbeit – und Oberländer freut sich – immer noch![263]

Kanzler Adenauer wird klar als Nachfolger Hitlers, dessen Kriegsziele er teilt, diffamiert, wenn Schnitzler ihm unterstellt, „Achsenpartner" für seine Außenpolitik zu suchen. Das Wort ist negativ konnotiert, erinnert es doch an das faschistische Bündnis im Zweiten Weltkrieg. Personelle Kontinuitäten im Auswärtigen Amt nutzt Schnitzler zur pauschalen Diffamierung der gesamten Institution, wenn er von „Hitlers Diplomaten" spricht. Der Ausruf „immer noch" in Bezug auf Oberländer spiegelt die Empörung darüber wider, dass dieser überhaupt noch Minister in der Bundesrepublik ist. Dass selbst in England „Warnungen, Kritik und Empörung"[264] laut werden, soll die Zuschauer im Westen aufrütteln. Schließlich steht das internationale Ansehen der Bundesrepublik auf dem Spiel:

---

[260] Lemke, Instrumentalisierter Antifaschismus, S. 69.
[261] Danyel/Groehler/Kessler, Antifaschismus und Verdrängung, S. 151.
[262] MS zur Sendung vom 28.3.60, in: DRA SG FS, E065-02-04_0001002, S. 5.
[263] MS zur Sendung vom 4.4.60, in: DRA SG FS, E065-02-04_0001003, S. 1.
[264] MS zur Sendung vom 11.4.60, in: DRA SG FS, E065-02-04_0001004, S. 2.

Als aber immer mehr Nazis aus den Mauselöchern herauskamen, als sie erst in die untere Verwaltung, dann in die ersten Gemeinde-und Länderparlamente und schließlich auf Richterstühle, in Offizierskasinos, in die Bundesregierung und wohin eigentlich nicht vordrangen, [...] da sind das „Nadelstiche, Verdächtigungen und hämische, überflüssige Nörgeleien" des „perfiden Albions"-"typisch englischer Volkscharakter". [...] Kritik an Oberländer ist „antideutsch". Hinweise auf die Blutrichter in Westdeutschlands Justiz sind „deutschfeindlich". Man spürt es schon förmlich wieder in der Luft liegen: Jene „Welt voller Feinde".

Schnitzlers bildhafte Sprache und übertreibende Formulierung erweckt den Eindruck als seien die Nazis überall in Westdeutschland, wie eine Krankheit hätte sich der Feind langsam ausgebreitet. Skandalisiert wird mit Hilfe von Sarkasmus die Reaktion der Bundesregierung, die die Kritik des Auslands als „Nörgeleien" euphemisiert und diese als „deutschfeindlich" abtut. Das impliziert, dass die westdeutsche Regierung gegen die Defizite ihrer Vergangenheitsbewältigung nicht einschreitet und diese auch vor dem eigenen Volk leugnet. Schnitzler zitiert hier die Charakterisierung der Engländer, um zu demonstrieren, wie sehr die Bundesregierung noch in den Denkschemata des Dritten Reiches verhaftet ist. Vor allem die Formulierung „Welt voller Feinde" spielt auf die Denkweise und Kriegsbegründung Hitlers an. Der Begriff „Blutrichter" ist wieder eine „adhoc"-Prägung, die suggeriert, dass in der Bundesrepublik wie im Dritten Reich noch Todesurteile vollstreckt werden.[265] Er appelliert an die Angst der Zuschauer vor der nationalsozialistischen Gefahr. Zudem diskreditiert er pauschal die westdeutsche Justiz. In derselben Sendung spielt Schnitzler noch einmal auf die Kontinuität der Außenpolitik an, diesmal mit den „Achsenpartnern Berlin-Rom-Tokio",dem „Anti-Komintern-Pakt", der „Japan nach Hiroshima geführt hat und uns nach Stalingrad".[266] Die negative Erinnerung an die Niederlage der Deutschen in Stalingrad soll die Zuschauer in Ost und West gegen die Bundesregierung, die die gefährliche „antideutsche Politik" weiterführt, aufbringen. Schnitzler emotionalisiert, wenn er die Deutschen an „Blut" und „Trümmer", „Verachtung" und „Hass" als Folgen dieser Politik erinnert.

Oberländer wird in der Sendung zum Feindbild stilisiert.[267] Schnitzler nennt ihn einen „Antisemiten" unter anderen im Bonner Staat – womit die gesamte Regierung diskreditiert werden soll – und einen „Mörder".[268] Als personifiziertes „Böse[s]" dient er zur Skandalisierung aller Parteien im Bundestag, ausdrücklich auch der SPD:

> Er erfreut sich seines Jahresurlaubs und der von allen Bonner Parteien einschließlich der SPD erteilten Erlaubnis, bis zum 5. Mai Minister bleiben zu dürfen. Und das setzt ihn glücklich instand, nach seinem 55. Geburtstag am 1. Mai seine Ministerpension von über 3000 Mark in Empfang zu nehmen und künftig weiterhin als Bundestagsabgeordneter der CDU tätig sein zu dürfen. Kein „Ehrenrat", kein parlamentarischer Untersuchungsausschuß und schon gar kein Gerichtsverfahren

---

[265] In der Sendung vom 25.4.60 wird die Justiz auch durch den Begriff „Hitler-Richter" diffamiert, am 10.4.61 als „hitlerische Blutrichter".

[266] MS zur Sendung vom 11.4.60, in: DRA SG FS, E065-02-04_0001004, S. 3 f.

[267] Auch in der Sendung vom 25.4.60 dient Oberländer neben Globke zur Personalisierung der skandalhaften Nazi-Kontinuität in der Bundesrepublik.

[268] MS zur Sendung vom 11.4.60, in: DRA SG FS, E065-02-04_0001004, S. 5.

in Westdeutschland – das ist das Ergebnis des Kuhhandels von Bonn. [...] Das Böse ging (vorerst einmal in Urlaub), das Böse ist geblieben![269]
Alle Parteien im Bundestag sind demnach gleichermaßen unwillens, einen Kriminellen von der Regierung auszuschließen. Sie unterstützen den Feind im Staat und werden somit selbst zu Feinden der deutschen Gesellschaft erklärt. Empörung soll der unmoralische Umstand hervorrufen, dass ein Mörder Anspruch auf eine Ministerpension hat, und dass auch keine Aussicht auf ein Gerichtsverfahren besteht, so dass der Feind in Westdeutschland bleiben darf. Schnitzler nutzt diesen Umstand für die Herausstellung der DDR als den deutschen Staat, der ehemalige Nazis nicht duldet:

> Der Prozeß gegen Oberländer findet dennoch statt. Allerdings nicht dort, wo er eigentlich stattfinden müßte, in Bonn oder Karlsruhe, sondern in Berlin, vor dem Obersten Gericht der DDR; am 20. April; als kleines Geschenk für Herrn Oberländer zum Geburtstag seines Führers.[270]

Somit steht die DDR als das „Gute" dem „Bösen" der Bundesrepublik gegenüber. Für Schnitzler ist die Welt schwarz-weiß und so soll sie auch für die Zuschauer werden. Die Ironie im letzten Satz unterstellt Oberländer[271], noch immer Hitler als seinen Führer zu sehen. Schnitzler endet die Sendung dementsprechend mit der Skandalisierung der gesamten Bonner Regierung, der er die Absicht einer Wiederholung des Zweiten Weltkrieges unterstellt:

> Das könnte den Herren so passen: Die Vergangenheit vergessen und nicht mehr darüber sprechen und diskutieren! Damit sie es dann noch einmal versuchen können! Und wenn Oberländers Ministersessel in der Tat leer bleiben sollte: Erst muss noch eine Menge anderer Stühle freigemacht werden, ehe man in Bonn das Recht hat, die Worte in den Mund zu nehmen: Frieden, Freiheit, Demokratie und Selbstbestimmung.[272]

Mit dem letzten Satz nimmt Schnitzler Westdeutschland jegliche Legitimität. Seebohm wird in einer anderen Sendung als „Erzfaschist" und „Alter Kämpfer" diffamiert.[273] Er wird zum Feindbild, denn Schnitzler kriminalisiert ihn, indem er behauptet, Seebohm habe dem Judenmörder Eichmann beim Untertauchen geholfen. Eine Kranzniederlegung des Ministers für die Opfer des Naziregimes kommentiert Schnitzler mit dem Satz: „Der Mörder am Grabe seiner Opfer!" Die symbolische Abgrenzung zum Dritten Reich wird somit vollkommen entwertet.

Auf die Solidarität mit den Werktätigen in Westdeutschland zielt Schnitzler, wenn er in einer anderen Sendung den Gewerkschaften den Versuch unterstellt, „Hitlers Arbeitsfront wieder aufleben zu lassen".[274] Damit diskreditiert er die Interessensvertretung der Arbeiter und unterstellt auch ihr, das Dritte Reich fortsetzen zu wollen. Schnitzler will die Arbeiter und „einfachen Menschen" im Westen für die DDR gewinnen:

---

[269] Ebd. S. 7.
[270] MS zur Sendung vom 11.4.60, in: DRA SG FS, E065-02-04_0001004, S. 8.
[271] In der Sendung vom 15.5.61 beleidigt und kriminalisiert Schnitzler Oberländer als „Judenmörder".
[272] MS zur Sendung vom 11.4.60, in: DRA SG FS, E065-02-04_0001004, S. 10.
[273] MS zur Sendung vom 7.6.60, in: DRA SG FS, E065-02-04_0001010, S. 11.
[274] MS zur Sendung vom 11.7.60, in: DRA SG FS, E065-02-04_0001015, S. 5.

Es gibt nichts Gemeinsames zwischen Arbeitern und <u>allen</u> einfachen Menschen auf der einen Seite-und den CDU-Herren, die imperialistische Politik machen, die für Rüstung und Atomwaffen und für Krieg sind und gegen Neger, Arbeiter, Juden,. Kommunisten, Kubaner, Friedenskämpfer, gegen das Selbstbestimmungsrecht und gegen die Entspannung.[275]

Schnitzler malt hier wieder schwarz-weiß. Er trennt klar zwischen Freund und Feind im Westen. Die CDU ist der Feind, der rassistisch ist und von dem Lebensgefahr ausgeht, auch gegen die Arbeiter, denn sie werden in einem Zug mit Juden und Kommunisten genannt, die schon im letzten Krieg unter Hitler verfolgt und ermordet wurden.

Selbst die Kirche diffamiert Schnitzler, in der Hoffnung, eine halbe Million ehrlich gläubige Katholiken als Skandalpublikum zu gewinnen[276] :

Der Rabauke Strauss und Hitlers Generale[277] vergießen Tränen über ihre Opfer von gestern und drillen ihre Opfer von morgen. Und Militärbischof Wendel und Kardinal Spellman erteilen dazu ihren Segen. Das hat nichts mit einem Kirchenkongreß zu tun, sondern das war eine Natovorstellung-unter Mißbrauch des Glaubens und der Religion und unter Irreführung einer halben Million ehrlicher gläubiger Katholiken und unter unerträglicher Ausnutzung des Westdeutschen Fernsehens. Das war die Absicht: Gott ist mit der Nato, Gott ist mit der Atombewaffnung, Gott ist mit dem Kanzler, seinen Ministern und seinen Generalen[278]. Genauso wie Gott ja angeblich einst mit dem Kaiser, mit Hindenburg und mit Hitler war [...]. Und deshalb darf diese historische Linie auch nicht unterbrochen sein, muß die „Kontinuität des Reiches" erhalten bleiben – sagt Herr Silex im schwarzen Kanal. Er sagte es in den dreißiger Jahren als Chefredakteur der „Deutschen Allgemeinen Zeitung" in Hinblick auf Hitler, er sagt es heute als Chefredakteur des Westberliner „Tagesspiegel" im Hinblick auf Konrad Adenauer. [...]Es geht darum, daß der deutsche Imperialismus bei seinem Griff zur Weltherrschaft zweimal vernichtend aufs Haupt geschlagen wurde, und daß er heute seinen dritten Versuch vorbereitet. Wobei die Eroberung der DDR – freundlich mit „Befreiung der Ostzone" umschrieben – die erste Etappe sein soll. [...] Natürlich ist nicht die Wiedervereinigung irreal, sondern nur die Wiedervereinigung, wie sie sich Adenauer vorstellt: Nach der Bismarckmethode „mit Blut und Eisen".

Schnitzler beleidigt Strauß herablassend als „Rabauken", und die Bundeswehr setzt sich für den Moderator pauschalisiert aus Generälen Hitlers zusammen.[279] Die Trauer für die Opfer des Zweiten Weltkriegs entlarvt Schnitzler als Heuchelei, wenn er behauptet, sie drillten gleichzeitig schon ihre „Opfer von morgen". Die Soldaten der Bundeswehr werden angeblich für den „Dritten Weltkrieg" vorbereitet, dessen erstes Opfer die DDR sein wird. Die bevorstehende „Eroberung" der DDR soll die DDR-Bürger gegen den Feind im Westen zusammenschweißen. Die „ad-hoc"-Prägung „Militärbischof" soll Wendel stellvertretend für die katholische Kirche als Institution diffamieren. Das Wissen um ihre zweifelhafte Rolle im Dritten Reich nutzt Schnitzler, um ihr in der Gegenwart zu un-

---

[275] MS zur Sendung vom 11.7.60, in: DRA SG FS, E065-02-04_0001015, S. 6.

[276] MS zur Sendung vom 15.8.60, in: DRA SG FS, E065-02-04_0001020, S. 3 ff.

[277] sic!

[278] sic!

[279] In anderen Sendungen, wie in der vom 9.1.61, wird Strauß' Ressort auch als „Kriegsministerium" und er als „Kriegsminister" diffamiert. Während der Großen Koalition wird Schröder als „Kriegsminister" bezeichnet, vgl. u.a. die Sendungen vom 10.7.67 und 7.7.69.

terstellen, Kriegsabsichten zu unterstützen. Die ironischen Anspielungen in Bezug auf „Gott" sollen auf die Scheinheiligkeit des Feindes Bundesrepublik anspielen, der Religion nur als Tarnung für unchristliche Pläne nutzt. Erneut wird Adenauer als Nachfolger Hitlers präsentiert, der die „historische Linie" und die „Kontinuität des Reiches" garantiert. Wieder macht Schnitzler seinen Zuschauern falsche Hoffnung mit der „irreführenden Fehlankündigung"[280] auf eine mögliche Wiedervereinigung, um sich als Streiter für ihre Interessen darzustellen. Auch die Berufung der Bundesrepublik auf das Bismarckerbe macht sich Schnitzler zunutze, um Adenauer zu diskreditieren. Der Kanzler sei nicht nur Hitlers, sondern auch Bismarcks Nachfolger, der die deutsche Einheit durch einen blutigen Krieg herstellen wolle. In derselben Sendung werden zudem sämtliche Industriekonzerne in der „Frontstadt" Westberlin aufgezählt, die wie im Dritten Reich für den vermeintlichen Krieg aufrüsten.[281] Unter anderem werden Siemens, AEG und Daimler-Benz stellvertretend für die Industrie als gefährlichen Feind genannt. Plump wirkt Schnitzlers zusammenhangloser Übergang von der Westberliner Aufrüstung zu Kängurufleisch am Ende der Sendung, nur um durch eine Redewendung den Gesamtzustand im Westen zu diffamieren:

> Im übrigen ist die Frontstadt-Politik und die Rüstungspolitik in Westberlin nicht was[282] einzige, das[283] stinkt. Ich erinnere nur daran, was Westberliner Zeitungen dieser Tage über das vom Senat so kostspielig propagierte Känguruhfleisch enthüllt haben: 14 Zentimeter lange Würmer im Fleisch, aber man kann nichts dagegen machen, der Verkauf geht weiter: Herzlichen Glückwunsch zu dieser „Freiheit". Im übrigen ist, wie wir gesehen haben, das Känguruhfleisch keinesfalls das Einzige, wo im Westen der Wurm drin ist.[284]

Jede Negativschlagzeile in der Bundesrepublik wird von Schnitzler für seine Beweisführung vom ausschließlich „schlechten Westen" ausgenutzt. Der ironische Glückwunsch an die Westdeutschen soll diese aufrütteln, endlich etwas gegen die Zustände im eigenen Staat zu unternehmen. Symbolisch für den maroden Zustand der Bundesrepublik zeigt Schnitzler Bilder von den Würmern im Fleisch, die vermutlich Ekel bei den Zuschauern hervorrufen sollen. Die Bilder aus dem Westfernsehen gäben darüber sicher Aufschluss. Die Bundesrepublik soll für die Zuschauer ebenso abstoßend werden wie das Kängurufleisch. Der Skandal des weiterhin verkauften Fleisches wird übertragen auf die Weiterführung des Dritten Reiches in der Bundesrepublik.

Die Kampagne gegen Lübke Mitte der 60er Jahre macht sich auch im „Schwarzen Kanal" bemerkbar:

> Nun hat der biedere, treuherzige Heinrich Lübke allen Grund, mit der merkwürdigen pädagogischen Maxime „Vergessen ist auch eine Tugend" einverstanden zu sein und sie gutzuheißen. „Schlicht", wie er sich gibt, vermerkte er zwar in einem Fragebogen über seine Tätigkeit in der Hitlerzeit: „Im Siedlungswesen..." aber genauso könnten sich KZ-Ärzte „Samariter" nennen, und Hitlers Überfall auf die Ukraine fiele unter „Ernährungswesen..." Lübkes „Siedlungen" waren geheimste

---

[280] Picaper, Kommunikation und Propaganda, S. 29.

[281] MS zur Sendung vom 15.8.60, in: DRA SG FS, E065-02-04_0001020, S. 9a,b.

[282] sic!

[283] sic!

[284] MS zur Sendung vom 15.8.60, in: DRA SG FS, E065-02-04_0001020, S. 9b f.

Rüstungswerke der Nazis, die Lübke für den noch immer einsitzenden Kriegsverbrecher Speer baute. [...]Und Siedler Lübke war bevollmächtigt, Millionen Aufträge an die Konzerne zu erteilen und Zwangsarbeiter mit dem KZ zu bedrohen, ja ‚sie sogar in KZ's einzuweisen, wenn ihre Arbeitsleistungen seinen Ansprüchen nicht entsprachen. Und Heinrich Lübke tat es. Die Beweise und Dokumente liegen vor. Seit Professor Nordens Internationaler Pressekonferenz vom 29. Juni vorigen Jahres sind sie der Weltöffentlichkeit bekannt. Lübke aber präsidiert weiter mit weißem Haar und „Würde" der[285] Bundesrepublik [...] Was meint er? Sich selbst? Seinen Seebohm? Die einst von ihm berufenen Globke, Oberländer, Fraenkel und Krüger? Den von ihm hochdekorierten Sklavenhändler und Giftgaslieferanten Bütefisch von den IG-Farben? Diese ganze Bande des Kriegsverbrechern, die gemeinsam mit ihrem Nachwuchs große Teile des Staatsapparats beherrschen, insbesondere Justiz, Diplomatie, Bundeswehr und Publizistik? Meint er die Bonner Politik, an der die Autorität der Bundesrepublik Schaden nimmt? [...] Meine Damen und Herren im Westen, wenn wir immer wieder den Charakter Ihres Staates als imperialistisch, militaristisch, revanchistisch bezeichnen, dann haben Sie als Bundesbürger keinen Anlaß, beleidigt zu sein. Wir meinen nicht Sie. Denn das ist gar nicht Ihr Staat. [...] es gab schon immer zwei Deutschlands: [...] Das Deutschland Hitlers und das Deutschland Thomas Manns und Ernst Thälmanns. Das Deutschland mit dem Konzentrationslager Buchenwald. und das Deutschland mit Goethes geliebtem Buchenwald bei Weimar. Heute gibt es diese tragische, verhängnisvolle Aufspaltung Deutschlands nur noch im westlichen Teil. In der Deutschen Demokratischen Republik ist diese Spaltung überwunden. Ist die Übereinstimmung hergestellt zwischen Volk und Staat. [...] Ich sage freimütig: Man beklage nicht die Tatsache der Spaltung, sondern man beklage und verändere den Charakter des Bonner Staates! Sich vorzustellen, daß die Strauss, Trettner,[...], die Lübke, Seebohm und Jaksch heute [...] nicht an der Elbe stünden, sondern an der Oder: Es wäre das denkbar größte nationale und internationale Unglück! Es ist ein Segen, daß es die DDR gibt! Ein Segen – auch für Sie meine Damen und Herren im Westen![286]

Der Skandal der personellen Fortsetzung des Dritten Reiches wird hier an einem Mann aufgezogen, der schon durch sein Amt repräsentativ für die Bundesrepublik ist. Somit ist Lübke der ideale Skandalisierte. Ihm wird hier die Schuld an der vermeintlichen Kontinuität des Dritten Reiches gegeben, denn es ist „sein" Seebohm und Globke, Oberländer und andere sind von ihm „berufen". Schnitzler nennt noch einmal die wichtigsten Teile des Staatsapparates, um diese zu diffamieren. Die Nazivergangenheit des Bundespräsidenten ist aber das eigentliche Thema der Sendung mit dem Titel „Lübke und der Staat". Schon der Titel macht deutlich, dass Lübke als Repräsentant des „renazifizierten" westdeutschen Staates gelten soll. Daher auch das Bemühen, ihm im Folgenden eine nationalsozialistische Vergangenheit anzuhängen. Schnitzler versucht das mit sarkastischen und übertriebenen Vergleichen, um Lübke zu unterstellen, er euphemisiere seine kriminelle Vergangenheit. Die Beweise, die aus der DDR vorliegen, reichen nach Schnitzlers Meinung als Beweis dafür, dass der Bundespräsident ein Kriegsverbrecher ist. Dass ein Verbrecher das Oberhaupt ihres Staates bildet, soll die Bundesbürger schockieren und empören. Erst recht, da „die Autorität der Bundesrepublik Schaden nimmt". Schließlich weiß die „Weltöffentlichkeit"

---

[285] sic!
[286] MS zur Sendung vom 4.1.65, in: DRA SG FS, E065-02-04_0001234, S. 4-6.

schon um die Nazivergangenheit des Präsidenten, der zusätzlich durch die Erwähnung seines „weißen Haares" – wohl als Anspielung auf sein Alter und eine mögliche Senilität – angegriffen wird. Die Zuschauer sollen zu Reaktionen ermutigt werden, denn es geht um ihren Staat und seine internationale Glaubwürdigkeit.

Dass sich ausgerechnet Schnitzler um das Ansehen der Bundesrepublik sorgt, wirkt heuchlerisch, arbeitete doch die DDR auf die Diskreditierung der Bundesrepublik hin. Als Skandalisierer muss er sich jedoch als Interessensvertreter seines westdeutschen Publikums verkaufen, will er von diesem erhört werden. Deutlicher wird diese Absicht durch die Betonung, dass nicht die Zuschauer Ziel der Diffamierung seien. Diese hätte „kein Anlaß, beleidigt zu sein", seien also nicht Ziel der Skandalisierung. Wenn Schnitzler die beiden deutschen Staaten im Anschluss charakterisiert, malt er wieder schwarz-weiß, um das Feindbild Bundesrepublik und gleichzeitig das Bild des Freundes DDR zeichnen. Dort das „Unglück", hier der „Segen". Die angeblich überwundene Spaltung in Ostdeutschland soll Sehnsüchte bei den Westdeutschen auslösen und die eigenen Bürger stolz auf die DDR machen. Die Forderung, dass die Westdeutschen ihren Staat erst beklagen und dann verändern sollen, entspricht dem Willen eines Skandalisierers.

Lübke ist auch am 5.9.66 Opfer von Schnitzlers Skandalisierung des Staates. Schnitzler bezeichnet ihn als „kommenden Führer" in Anspielung auf Hitler.[287] Die Beleidigung ist nachträglich eingefügt, möglicherweise aufgrund einer Anweisung von oben im Zuge der Kampagne. Der Moderator wirft ihm vor, Beweise zu unterdrücken und Belastungsmaterial, das ihn überführt beschlagnahmen zu lassen.[288] Unmoralisch ist nicht nur Lübkes Vergehen, sondern besonders die vermeintliche Ausnutzung seiner hohen politischen Position, um sich vor Strafverfolgung zu schützen. Emotionalisierend wirkt Schnitzlers Behauptung, Lübke habe „Goldzähne, Haare, Schuhe, Kleider, Koffer und Schmuckstücke und andere Habe der Ermordeten erfaßt", und er habe „blutige Hände".[289] In dieser Sendung mit dem Titel „Naziverbrecher und Vietnamkrieg" wird die skandaltypische Absicht der Diskreditierung ranghoher Politiker als Vertreter Westdeutschlands noch deutlicher ausgesprochen:

> Was für ein Staat! wer[290] könnte den Repräsentanten dieses Staates noch in irgendeiner Weise Glauben schenken...

Der Ausruf in Bezug auf den Staat kann empörend oder abfällig gemeint sein, je nach Betonung. Das Skandalpublikum wird mit dem letzten Satz implizit angewiesen, ihren Politikern nichts mehr zu glauben und etwas gegen das „politisch-

---

[287] MS zur Sendung vom 5.9.66, in: DRA SG FS, E065-02-04_0001320, S. 1. ebenso: MS zur Sendung vom 3.7.67, in: DRA SG FS, E065-02-04_0001363, S. 2. Hier wird Kiesinger zusätzlich als „Vor-Führer" diffamiert. In der Sendung vom 7.7.69 ist Lübke als „der Böse" ebenfalls Feindbild.

[288] MS zur Sendung vom 5.9.66, in: DRA SG FS, E065-02-04_0001320, S. 2.

[289] Ebd. S. 2, 3.

[290] sic!

moralisch verkommene Staatswesen"[291] zu unternehmen. Noch expliziter wird Schitzler in selbiger Sendung:

> Man muß sich fragen, was die Bürger dieses Staates eigentlich wissen, denken, tun... Oder was noch geschehen muß, bis sie denken und etwas tun...

Lübke bleibt bis zu seinem Abgang als Bundespräsident Feindbild des „Schwarzen Kanals", denn Schnitzler beschimpft ihn später auch als „Primitivling"[292]. Lübke selbst wird zum Skandal, wenn Schnitzler ihn als „Ärgernis"[293] bezeichnet. In der Sendung mit dem einschlägigen Titel „Lübke" vom 4.3.68 sieht der Moderator ihn als „leibhaftigen Beweis der Refaschisierung des Staatsapparates und des öffentlichen Lebens".[294] Hier wird noch einmal die Personalisierung des Skandals deutlich. An der Stelle fordert der Skandalisierer wieder die Westdeutschen als unmittelbar Betroffene implizit zum Handeln auf:

> Wie eingangs gesagt, meine Damen und Herren ich hätte mich lieber mit etwas anderem beschäftigt. Wer faßt schon gerne Dreck an... Allerdings fühle ich mich in meiner Haut wesentlich wohler als Sie, soweit sie Bundesbürger sind, sich fühlen sollten. Mit Ihnen möchte ich nicht tauschen. Um diesen Mann an der Spitze Ihres Staates sind sie[295] weiß Gott nicht zu beneiden...[296]

Auch die Aufklärungsbemühungen der Bundesrepublik um die jüngste Vergangenheit werden diffamiert. Schnitzler spricht von „Scheinbewältigung"[297] und führt aus:

> Wo doch die angeblich extra zur „Aufklärung von Nazi-und Kriegsverbrechen" geschaffene Ludwigsburger Zentralstelle unter der Leitung eines prominenten Nazis steht! Welche Überraschung, daß diese Nazijagd bislang ohne Erfolg blieb.

Für die Probleme der Verfolgung von Kriegsverbrechen bietet Schnitzler seinen Zuschauern eine scheinbar plausible Lösung, die in seine Argumentation von „Nazi-Westdeutschland" passt. Ironisch unterstellt er, dass die Erfolglosigkeit der Institution so gewollt ist. Besonders skandalös ist, dass der Normbruch der personellen Kontinuität gerade auch die Einrichtung betrifft, die für die Verhinderung dieser Vorkommnisse steht.

Die Wahlerfolge der NPD bieten Schnitzler Ende 1966 in der Sendung „Rechtsextremisten" eine weitere Angriffsmöglichkeit:

> Nur komisch, daß sie [die NPD] überhaupt bei den Wahlen auftreten durfte, daß sie erlaubt, zugelassen in der freiheitlich-demokratischen Grundordnung..." Komisch, daß Strauss noch kein böses Wort gegen die NPD gesagt hat[...]. Strauß, der bekanntlich schon zu allen Rechtsorganisationen und Rechtsparteien die Fäden gesponnen hat, der selbst das „Rechtsextremste"[298] ist, was es in Westdeutschland gibt! Der Ruck nach rechts ist unverkennbar. Und die NPD [...] soll [...] Alibi sein für die angebliche „Mittelposition" der Bundesregierung; [...]Man fragt sich, wie es möglich ist, daß eine solche Partei plötzlich in Hessen 10 Prozent und in

[291] MS zur Sendung vom 5.9.66, in: DRA SG FS, E065-02-04_0001320, S. 3.

[292] MS zur Sendung vom 30.6.69, in: DRA SG FS, E001-00-01_0002026, S. 4.

[293] MS zur Sendung vom 30.6.69, in: DRA SG FS, E001-00-01_0002026, S. 2.

[294] MS zur Sendung vom 4.3.68, in: DRA SG FS, E065-02-04_0001398, S. 4.

[295] sic!

[296] MS zur Sendung vom 4.3.68, in: DRA SG FS, E065-02-04_0001398, S. 5.

[297] MS zur Sendung vom 1.2.65, in: DRA SG FS, E065-02-04_0001238, S. 3.

[298] Noch ein Jahr später wird Strauß zusammen mit Wehner als das „Rechtsextremste in der Bundesrepublik" bezeichnet, vgl. MS zur Sendung vom 20.11.67, in: DRA SG FS, E065-02-04_0001383, S. 1.

Bayern über 7 Prozent der Wählerstimmen erhalten kann, in Nürnberg und Bayreuth gar 14 Prozent; und daß nun in den Landtagen von Hessen und Bayern wieder kleine Hitlers, Görings und Goebbels sitzen... Über Nacht? Wir haben es vorausgesagt. Wir haben gewarnt. [...] Und wo der Imperialismus nicht – wie bei uns in der DDR – mit Stumpf und Stiel ausgerottet ist, wo er sich restaurieren konnte, da gedeihen die Irrlehren [...], da zeigen sich alte Erscheinungsformen – vom Hakenkreuz an den Wänden über den geschändeten jüdischen Friedhof, [...] Hitlers Bundeswehrgenerale, [...] – bis zu NPD-Volksvertretern in westdeutschen Landtagen...[...] Von 10 222 politischen Ermittlungsverfahren im letzten Jahr richteten sich in der Bundesrepublik ganze 177 gegen sogenannte „Rechtsextremisten" – 177 von 10 222! Das ist die gleiche Tendenz wie in der Weimarer Republik. [...] Warum sollte Erhard keinen SS-Mann zum Staatssekretär machen? Auf einen mehr oder weniger kommt's ja wohl nicht mehr an.[299]

Die Bewertung „komisch" ist ironisch angesichts der Behauptung, Strauß selbst sei das „Rechtsextremste". Durch diese Ironie und Übertreibung skandalisiert Schnitzler den vermeintlichen Kontakt Strauß' zu Rechtsparteien. Strauß und der Regierung wird die Schuld am Wahlsieg der Rechten gegeben, die westdeutschen Wähler -ein Teil seines Publikums -selbst entlastet Schnitzler somit, damit der Feind – hier CDU/CSU klar definiert wird. Empören sollen die hohen Prozentzahlen der Wählerstimmen für die Nachfolgepartei der NSDAP und die Tolerierung der Rechtsextremen durch die Regierung, die selbst in die Nähe der Rechten gerückt wird. Denn wenn Schnitzler von „angeblicher ‚Mittelposition'" und „Alibi" spricht, deutet er an, dass die CDU/CSU genauso weit rechts wie die NPD steht. Schnitzler dramatisiert den Aufstieg der NPD, indem er von „kleine[n] Hitlers, Görings und Goebbels" spricht und damit die Angst vor einer Neuauflage des Dritten Reiches heraufbeschwört. Einzelne rechtsextreme Vorfälle werden als typisch präsentiert. Skandalös sollen die wenigen Verurteilungen von „Rechtsextremisten" wirken. Der Vergleich mit der Weimarer Republik dient der Argumentation, dass auch die Bundesrepublik die Gefahr von Rechts leugnet. Schnitzler dramatisiert hier mittels enormen Zahlenunterschieden, allerdings sind die Zahlen aussagelos, denn Schnitzler lässt unerwähnt, wie viele rechtsextreme Taten es überhaupt gab. Die Argumentation ist wieder einseitig und so wird die DDR ebenso einseitig positiv hervorgehoben, als gäbe es hier keine rechtsextremen Vorfälle und als hätte die DDR vollständig mit der Vergangenheit aufgeräumt. Der letzte Satz wirkt sehr sarkastisch. Er soll den Eindruck vermitteln, die ganze Regierung bestünde ohnehin schon aus SS-Männern. Zum einen pauschalisiert Schnitzler, zum anderen spricht er auch nicht von ehemaligen SS-Männern, um zu verdeutlichen, dass alles beim Alten geblieben sei. In der selben Sendung wird auch Kanzler Kiesinger durch seine vermeintliche Nazi-Vergangenheit zum Feindbild deklariert. Schnitzler „entlarvt" ihn als „stellvertretenden Leiter in Hitlers Außenministerium" und „Verbindungsmann zwischen Ribbentrop und Goebbels".[300]
„Thaddens Embryo-NSDAP"[301] – in der Bundesrepublik wächst also die Gefahr des Dritten Reiches heran – ist auch ein Jahr später noch Thema. Hier schließt

---

[299] MS zur Sendung vom 21.11.66, in: DRA SG FS, E065-02-04_0001331, S. 3-6.
[300] Ebd. S. 6.
[301] MS zur Sendung vom 20.11.67, in: DRA SG FS, E065-02-04_0001383, S. 3.

Schnitzler die Sendung mit der Warnung vor der Bundesrepublik als Feind: „Der ganze Staat steht rechts und ist eine Gefahr!" Für Schnitzler sind alle Parteien gleich, alle rechts. So pauschalisiert er abwertend:

> Es ist mir völlig gleichgültig, wie eine Partei heißt: CDU/CSU, NP oder pipapo: Das hat sich in diesem Staat gesucht und gefunden! Das paßt zusammen! Und das hat genauso wenig Zukunft wie seine Vorgänger![302]

Im letzten Satz deutet Schnitzler den Untergang der Bundesrepublik an. Auch nimmt er in der Sendung die SPD von der Kritik nicht aus. Brandt und Wehner gehörten auch zu den „Gärtnern des braunen Gartens", seit die SPD mit der CDU/CSU die Große Koalition bildet. Schnitzler spricht auch von einem „Rechtskurs der SP-Führer".[303]
Zwar wird dem neuen Bundespräsidenten aus der SPD, Heinemann, ausdrücklich „keine blutige Vergangenheit"[304] unterstellt, doch steht er für Schnitzler als „Alibi" und „Aushängeschild" anderer Mächtiger im Bonner Staat. Da man Heinemann keine Nazivergangenheit andichten kann, muss Schnitzler ihn als „Ausnahme" präsentieren, damit seine Wahl ins feindliche Bild des nationalsozialistischen Westdeutschlands passt.
Auffällig ist, dass das Thema Vergangenheitsbewältigung viel weniger eine Rolle spielt seit Amtsantritt der sozialliberalen Koalition.[305] Wenn das Thema aufgegriffen wird, wird nicht die SPD, sondern weiterhin die CDU/CSU angegriffen. Sehr wahrscheinlich wird diese Partei skandalisiert, da sie gegen die deutschdeutschen Verträge eingestellt war. So ist immer noch Strauß der Hauptfeind wie in der Sendung vom 24.8.70. Schnitzler unterstellt ihm, für ihn sei „der zweite Weltkrieg noch nicht zu Ende" und er sehe „noch eine Chance, nachträglich etwas zu gewinnen".[306] Wieder zieht Schitzler Parallelen zu Hitler und sieht eine Gefahr von Rechts um Strauß und andere:

> Die westdeutsche Armee ist die stärkste in Westeuropa und sie steht unter dem Kommando von Offizieren und Generalen, die sich in Hitlers Armee ihre ersten Orden verdient haben. [...]. Und schließlich sind in Westdeutschland nach wie vor die Herren der Monopole und Großbanken die wirklichen Machthaber. Sie haben vor fast 40 Jahren ihren Hitler an die Macht geschoben. Sie würden keine Minute zögern, ihren Strauß mit demselben Auftrag an die Macht zu schieben, wenn ihnen die Gelegenheit dazu günstig erschiene. [...] Das Rechtskartell um Strauß, Guttenberg und Barzel witter[307] in jedem Angriff zur Entspannung bereits einen Angriff auf seine aggressive Politik.[308]

Die Warnung vor Strauß und seinen Kriegsplänen kann man auch als Warnung vor einer Wiederwahl der CDU/CSU und somit als Unterstützung der sozialliberalen Koalition werten. Deswegen wird vermutlich auch Barzel, Kanzlerkandidat

---

[302] MS zur Sendung vom 18.12.67, in: DRA SG FS, E065-02-04_0001387, S. 4.

[303] MS zur Sendung vom 15.1.68, in: DRA SG FS, E065-02-04_0001391, S. 3.

[304] MS zur Sendung vom 7.7.69, in: DRA SG FS, E001-00-01_0002027, S. 2.

[305] 1970 kommt, wenn man nach dem Inhaltsverzeichnis der Internetseite geht, nur einmal das Thema Nationalsozialismus vor, 1971 nur viermal.

[306] MS zur Sendung vom 24.8.70, in: DRA SG FS, E001-00-01_0002085, S. 3.

[307] sic!

[308] MS zur Sendung vom 24.8.70, in: DRA SG FS, E001-00-01_0002085, S. 5. Auch am 17.8.70 geht es unter der Leitung Grotes um dieses Rechtskartell.

der CDU/CSU, diffamiert. Auch ein Jahr später wird Rechtsextremes mit der CDU/CSU verbunden:

> [...] vor allem die gesamte CSU/CDU mit Strauß, Kiesinger und Barzel. Das alles ist rechts, rechter gehts kaum.[309]

### VI.3.2 „Der schwarze Kanal" zu Israel und zum Holocaust

Die Einzigartigkeit des Holocaust wird von Schnitzler geleugnet und im Sinne des Klassenkampfes gedeutet. Hitlers Rassenideologie wird vollkommen außen vor gelassen:

> Der Antisemitismus ist noch niemals das echte Instrument in einer angeblichen Auseinandersetzung zwischen Rassen gewesen, sondern immer nur Instrument im Klassenkampf. Ob feudaler Landesherr, ob halbfeudaler Kaiser, ob Generalfeldmarschall und Reichspräsident, ob Führer und Reichskanzler: Stets haben sie den Antisemitismus, benutzt, geschürt bis zum Pogrom und letztlich bis zum Massenmord, damit das Volk einen „Feind" habe, gegen den zu kämpfen es bereit war, damit es nicht seinen wahren Feind erkenne, der im eigenen Lande steht und auf Regierungsstühlen und in Aufsichtsratssesseln sitzt.[310]

Schnitzler interpretiert den Judenhass zu seinem Zweck, nämlich zur Konstruktion des Feindbildes von der bundesrepublikanischen Regierung und den Unternehmen in Westdeutschland. Der Holocaust wird so nur als Höhepunkt des seit dem Mittelalter bestehenden Antisemitismus gesehen. Er setzt seine Argumentation wie folgt fort:

> Ich glaube nicht, daß es in der Bundesrepublik noch einmal einen Antisemitismus des Ausmasses geben wird wie zur Hitlerzeit. Denn der Antisemitismus von heute ist der Antikommunismus! Früher einmal war der Antisemitismus hof-und salonfähig. [...}Und heute ist der Antikommunismus zur tragenden Ideologie des kapitalistischen Staates geworden. [...] Stets trug der deutsche Militarismus antisemitische Züge. Heute ist er antikommunistisch. Deshalb sind die alten Antisemiten seine Stützen und Repräsentanten. [...] Man verhaftet heute keine Juden mehr, sondern Kommunisten.[311]

Schnitzler schwächt die Bedeutung des Antisemitismus ab, indem er ihn als bloße „Modeerscheinung" abtut. Seien früher die Juden Feindbild des kapitalistischen Systems und ihrer Vertreter gewesen, so sei es nun der Kommunismus. Schnitzler nutzt den Antisemitismus und den Holocaust zur Herausstellung der Gefahr für die eigene Seite aus. Wenn er die Verhaftungen der Kommunisten mit denen der Juden vergleicht, erhält man den Eindruck, die Bundesrepublik plane nach dem Holocaust nun den Mord an Kommunisten. Die Deutung des Antisemitismus dient also nur der Konstruktion des Feindbildes Bundesrepublik. Außerdem dient die Abschwächung der Bedeutung des Holocausts sowie seine Umdeutung als Folge von Klassengegensätzen der Legitimierung des Feindbildes Israel. Das wird noch in derselben Sendung deutlich:

> Heute spielt Israel im arabischen Raum dieselbe aggressive Rolle wie die Bundesrepublik in Europa- nicht weil es ein jüdischer Staat, sondern weil es ein imperialistischer Staat ist.[312]

---

[309] MS zur Sendung vom 3.5.71, in: DRA SG FS, E001-00-01_0002121, S. 4.
[310] MS zur Sendung vom 15.5.61, in: DRA SG FS, E065-02-04_0001059, S. 4.
[311] Ebd. S. 5.
[312] Ebd. S. 7

Schnitzler macht bei seiner Feindbildkonstruktion hier deutlich, dass der Feind nicht die Juden sind, sondern der imperialistische bzw. kapitalistische Staat. Es wird zudem die Parteinahme für die arabischen Länder im Nahost-Konflikt deutlich. Schnitzler thematisiert auch die Wiedergutmachungszahlungen, um sie und damit die Bundesrepublik moralisch abzuwerten und klar zu stellen, dass es keinen Grund für eine Wiedergutmachung seitens der DDR gäbe:

> Ist Globke bei uns mächtigster Beamter oder in Bonn? Wird er bei uns geschont und geschützt oder in Bonn? Sind Faschismus und Antisemitismus in Bonn ausgerottet oder bei uns? Wurde die Vergangenheit bei uns bewältigt oder in Bonn? [...] Und wie steht es mit Bonns Wiedergutmachungszahlungen an Israel? Den Staat Israel hat es während der Hitlerverbrechen noch gar nicht gegeben. [...] Glaubt Bonn vielleicht, sich mit Zahlungen an einen solchen Staat freikaufen zu können von der Tatsache, daß es nicht nur Juden aller Nationalitäten waren, die blutig verfolgt wurden, sondern genauso nichtjüdische Polen, Russen, Ungarn, Franzosen und Deutsche?! Und wozu benutzt die Bundesregierung ihre sogenannten Wiedergutmachungszahlungen? Um von der israelischen Regierung zu erpressen, daß die Kriegsverbrecher im Bonner Staat während des Eichmann-Prozesses nicht genannt werden![313]

Mit den rhetorischen Fragen stellt Schnitzler klar, dass die DDR im Gegensatz zur Bundesrepublik die Vergangenheit bewältigt habe. Somit legitimiert er die Weigerung der DDR, Israel eine Wiedergutmachungsleistung zu zahlen. Auch mit der Bemerkung, dass es den Staat Israel während des Dritten Reiches noch nicht gab, leugnet er rigoros einen Zusammenhang zwischen Holocaust und der Staatsgründung Israel. Mit der Erwähnung anderer Opfer des Dritten Reiches lenkt Schnitzler erneut von der Einzigartigkeit des Holocausts ab. Gleichzeitig diskreditiert er die Wiedergutmachungsabsichten der Bundesrepublik, um die Bundesrepublik als einen Staat darzustellen, der nicht die Absicht hat, mit der Vergangenheit aufzuräumen. Einen moralischen Normbruch unterstellt Schnitzler dem Feindbild und Skandalisierungsopfer Bundesrepublik, wenn er den Zweck der Wiedergutmachungszahlungen als Bestechungsgelder uminterpretiert. Das Verhältnis der Bundesrepublik zu Israel wird auf das Verhältnis zweier kapitalistischer und feindlicher Staaten reduziert.

# VII. Die Bundesrepublik als sozial ungerechtes System

## VII. 1 Sozialismus und Kapitalismus aus Sicht der SED

Auf dem fünften Parteitag der SED im Juli 1958 nannte Ulbricht die Grundsätze der volksdemokratischen Staatsordnung.[314] Unter anderem bezeichnete er die Abschaffung der Ausbeutung des Menschen durch den Menschen und die echte Gleichheit der Bürger vor dem Gesetz als Grundlage sozialistischen Rechts. Auch seien Frau und Mann gleichberechtigt in der Familie.[315] Im Sozialismus sei der Widerspruch zwischen Individuum und Gesellschaft, zwischen Bürger und Staat aufgehoben.[316] Desweiteren habe jeder Bürger das Recht auf Bildung. Demgegenüber stehe das bürgerliche Recht, das der Sicherung der kapitalistischen Ausbeutung diene. In der Bundesrepublik herrsche ein Wiederspruch zwischen gesellschaftlicher Arbeit auf der einen Seite und der politischen und wirtschaftlichen Herrschaft einer kleinen Gruppe von „Monopolherren" auf der anderen Seite.[317] Ein Leben in Frieden und Freiheit sei bisher nur in Ostdeutschland möglich.

1964 äußerte sich Ulbricht zum Weg der Vollendung des sozialistischen Aufbaus in der DDR. Hier bezeichnete er den Sozialismus als „schöne Menschengemeinschaft" mit „humanistischem Inhalt".[318] In Westdeutschland sei diese Chance vertan worden. In der Bundesrepublik seien die „traditionellen Mächte des Bösen" erhalten geblieben, in Ostdeutschland sei das „Gute" entstanden. Das Volk im Westen lebe in Unglück, da die Früchte ihrer Arbeit ungerechterweise in die Hände der großen Konzerne gelangten.[319] In der DDR hingegen sei die Würde des Menschen sowie der Schutz der Würde der Frau und der Mutter und das Mitbestimmungsrecht der Arbeiter in den Betrieben gewährleistet.[320] Im anderen deutschen Staat sei die Frau jedoch nicht gleichberechtigt, und der Jugend fehlten die Grundrechte auf Arbeit und Bildung. Während also in der DDR allen

---

[314] Ulbricht, Walter, Der Kampf um den Frieden, für den Sieg des Sozialismus, für die nationale Wiedergeburt Deutschlands als friedlebender Staat. Regest und Schlusswort auf dem V. Parteitag der Sozialistischen Einheitspartei Deutschlands, Berlin, 10. bis 16. Juli 1958, Berlin 1958, S. 29 f.

[315] Ebd. S. 32.

[316] Ebd. S. 30 ff.

[317] Ebd. S. 151 f.

[318] Ulbricht, Walter, Der Weg zur Vollendung des sozialistischen Aufbaus in der DDR. Festausgabe anlässlich des 15. Jahrestages der Gründung der Deutschen Demokratischen Republik und Rede des Ersten Sekretärs des Zentralkomitees der Sozialistischen Einheitspartei Deutschlands und Vorsitzenden des Staatsrates der Seutschen Demokratischen Republik auf der Festveranstaltung des Zentralkomitees der SED, des Staatsrates und des Ministerrates der DDR sowie des Nationalrates der Nationalen Front des demokratischen Deutschlands anläßlich des 15. Jahrestages der Gründung der Deutschen demokratischen Republik am 6. Oktober 1964, Magdeburg 1964 (Schriftenreihe des Staatsrates der Deutschen Demokratischen Republik), S. 5 ff.

[319] Ebd. S. 21.

[320] Ebd. S: 29.

Menschen Gerechtigkeit zukomme, würden in der Bundesrepublik die meisten ungerecht behandelt.

## VII.2 „Der schwarze Kanal" zum kapitalistischen System

Die einseitige und somit ungerechte Finanzierung der Bereitschaftspolizei im Zuge der „Frontstadtpolitik" thematisiert Schnitzler im „Schwarzen Kanal" vom 28.3.60:

> Zehn Prozent für die Polizei, die verstärkt werden soll – weniger wegen der Verkehrssicherheit, das ist ein billiger Vorwand. Schon heute gibt es in keiner Stadt der Welt, gemessen an der Bevölkerungszahl, soviel Polizei wie in Westberlin – und zwar – vor allem Bereitschaftspolizei, d.h. militärische Einheiten. Das ist auch eine der Anormalitäten. Und sie kostet Geld. Und die Jugend kommt das teuer zu stehen. Dieses Finanziell[321] nicht vertretbar – jenes finanziell nicht vertretbar – deshalb werden Schulklassen aufgelöst und zusammengelegt: auf Kosten der Bildung und des Wissens, die die Jugend in unserem, auf die allseitige Technisierung hinstrebendem Zeitalter so bitter nötig hat. Ja, ja, die Brüderlichkeit, bloss kosten darf sie nichts. Man braucht das Geld woanders, die Frontstadtpolitik ist eine teure Politik.[322]

Auffälligerweise strich Schnitzler den Beginn des ersten Satzes, in dem er die sechs Prozent für Volksbildung und Kunst sowie die acht Prozent für Schulwesen erwähnt. Zusammen machten dies nämlich mehr als die zehn Prozent für die Polizei aus. Die Zuschauer aber sollen nur von der Finanzierung der Polizei erfahren, die „anormal" sei, da schon genug militärische Einheiten vor Ort seien. Und die vermeintlichen Kriegsvorbereitungen gehen laut Schnitzlers Darstellung finanziell zu Lasten des Nachwuchses und seiner Bildung. Schnitzler bietet hier wieder eine einseitige und vereinfachte Erklärung für den Bildungsabbau. Schuld allein sei Bevorzugung von Polizei und Militär. Der Moderator will, dass sich die Zuschauer gegen die „Frontstadtpolitik" empören, indem er Sie glauben macht, dass die Probleme des Bildungssystems durch das Abziehen der Polizei aus Berlin gelöst würden.

Auch das Unrecht gegen die Bauern in der Bundesrepublik gegenüber dem Wohl der Bauern in der DDR thematisiert Schnitzler in der Sendung, :

> Unsere Bauern bleiben Bauern und bewirtschaften ihre Felder gemeinsam, so daß moderne große Maschinen eingesetzt werden können [...]; und alle zusammen erreichen mit weniger Anstrengung höhere Erträge und höheren Verdienst, und die Bauersfrau wird endlich von ihrer Schufterei erlöst. Oder man kann es machen wie in der Bundesrepublik, wo die großen rationellen Felder zustande kommen, indem 220 000 kleine und mittlere Bauern von ihren Höfen vertrieben wurden und ihr Besitz von den kapitalkräftigen unter den Nagel gerissen wurde.[323]

Die DDR erscheint als die gerechtere Gesellschaft, in der den Bauern das Maximale versprochen wird, „weniger Anstrengung", aber „höhere Erträge" und „höheren Verdienst". In der Bundesrepublik – die durch das „oder" als die schlechtere Alternative präsentiert wird – wird der Gegensatz zwischen Arm und Reich betont. Eine enorm hohe Anzahl von kleineren Bauern – die das Ausmaß des

---

[321] sic!
[322] MS zur Sendung vom 28.3.60, in: DRA SG FS, E065-02-04_0001002; S. 4 f.
[323] Ebd. S. 6.

Unrechts verdeutlichen soll – leidet unter den kapitalstarken großen Bauern. Emotionalisierte Wörter wie „vertrieben" oder die Redewendung „unter den Nagel reißen" unterstreichen die Ungerechtigkeit und implizieren eine Illegalität dieser Vorgänge. Schnitzler versucht auf diese Weise den Bauern in Ost und West das Genossenschaftssystem schmackhaft zu machen.

Die finanzielle Ungerechtigkeit ist auch Thema in folgender Sendung, in der Schnitzler Erhard ironisch-abwertend als „Herr[n] Wirtschaftswunder-Minister" betitelt.[324] Als Ursache der Last der westdeutschen Steuerzahler präsentiert ihnen Schnitzler hier die Westorientierung der Bundesrepublik:

Allan Dulles und Adenauer haben sicher gemeinsame Interessen. Strauß und Norstadt auch. Aber Allan Dulles und Peter Schmitz aus Köln? General Norstad und Franzl Huber aus München? Wo sollen deren „gemeinsame Interessen" liegen? Wobei übrigens auch die amerikanischen und westdeutschen Konzernherren jeder für sich an seinem Profit interessiert ist und er daher dem anderen einen überbraten will. Ganz soweit ist es also mit d e n „gemeinsame Interessen" nicht her: So friedlich ging es in Bonn gar nicht zu. Und irgendwann wird Bonn die Zeche bezahlen müssen, die es seit Marshalls Zeiten gemacht hat. Unter uns: Glauben Sie, der Bundeskanzler zahlt diese Zeche aus eigener Tasche? Dafür hat er seine Steuerzahler. Zum Beispiel: Sie in Hannover und Sie in Hamburg und Sie in Braunschweig und Göttingen und Nürnberg. Und natürlich auch Sie in Westberlin, weil ja Ihre Schöneberger Oberen so darauf brennen, daß sie unbedingt zur Bundesrepublik gehören sollen...[325]

Demnach bringe die Orientierung nach den Staaten den Bürgern der Bundesrepublik nur Nachteile und Bonn handle gegen die Interessen der Westdeutschen. Das betonen auch die Reihe rhetorischer Fragen zu Beginn. Profit machen nur die Konzernherren, die neben Adenauer hier zum Feindbild des einfachen Bürgers gemacht werden sollen. Mit seiner direkten Anrede der Bürger in den verschiedenen Städten sowie die Allerweltsnamen „Huber" und „Schmitz", möchte Schnitzler möglichst viele Zuschauer erreichen. Als Skandalisierer stellt er sich durch seine Umgangssprache und vor allem durch die Wörter „unter uns" auf ein Niveau mit seinen Zuschauern, um sie gegen die Westorientierung ihrer Regierung aufzubringen. Besonders wendet er sich an die Westberliner, um sie gegen die Bundesrepublik zu „immunisieren".

Adenauer und seine Politik werden auch in einer weiteren Sendung als ungerecht diffamiert:

[...] Unternehmerfreundlichkeit, Arbeiterfeindlichkeit – das ist Adenauerpolitik! Da stellt vor einigen Tagen der Vorstand des Deutschen Gewerkschaftsbundes die Frage, warum in der Regierungserklärung „keine Kritik an der maßlosen Gewinnsteigerung der Unternehmen" enthalten war. Diese Naivlinge, diese ahnungslosen Engel: Verlangen sie doch ernstlich von Kapitalisten, das Kernstück des Kapitalismus, den Profit, aufzugeben. Aber die so überaus kritischen Herren vom DGB-Vorstand sind doch zum großen Teil Bundestagsabgeordnete und Mitglieder der sozialdemokratischen Fraktion. Wie hätten sie gestern auftrumpfen, Opposition betreiben, Kritik üben, Fragen stellen, den Willen ihrer Wähler vertreten können – den Willen von elf Millionen SPD-Wählern, die weder Adenauer, noch Nato,

---

[324] MS zur Sendung vom 28.11.60, in: DRA SG FS, E065-02-04_0001035; S: 4.
[325] Ebd. S. 5.

noch Atomwaffen, noch Notstandsgesetze, noch Unternehmerwillkür haben wollten![326]
Adenauer und seine Politik seien also die Feinde der Arbeiter, die Schnitzler auf seine Seite ziehen will. Die Gewerkschaften könnten die Arbeiter aufgrund ihrer Ahnungslosigkeit nicht vertreten. Das Verhalten der SPD wird mit Sarkasmus skandalisiert, da sie ihre Aufgabe – die Vertretung ihrer Wähler – nicht nachkomme. Somit wird sie zum Feind stilisiert, der Atombewaffnung, Notstandsgesetze und Unternehmerwillkür unterstütze. Um den unmenschlichen Charakter eines kapitalistischen Staates weiter zu unterstreichen, thematisiert Schnitzler in derselben Sendung die Contergan-Affäre:

> Von einem „sozialen und demokratischen" Bundesstaat reden sie in einem Augenblick, da ein Arzneimittel-Skandal gerade die ganze kapitalistische Amoral dieses Staates offenbart:
> Kein Verbot! – Rezeptpflicht für Contergan! Und es sei „nur vorsorglich + zeitlich befristet aus dem Verkehr gezogen"! [...] In einem einzigen Krankenhaus – der Städtischen Kinderklinik Krefeld – gab es in den letzten 10 Monaten 13 Mißgeburten (in den 10 Jahren davor waren es nur 4). Eine erste flüchtige Umfrage ergab in der Bundesrepublik binnen kurzer Zeit 95 irreparable Mißgeburten, deformierte oder fehlende Gliedmaßen (von anderen ernsten Erkrankungen und Beschwerden ganz zu schweigen.) Aber Contergan „nur vorsorglich + zeitlich befristet aus dem Verkehr gezogen. [...] Und Bonn bremste auf[327] keineswegs von Anfang an, sondern erst, als im Zusammenhang mit den „Contergan"-Herstellern die Kali-Chemie A.G. ins Gerede kam. Diese Gesellschaft stellt selbst lebensgefährliche Medikamente her, die zurückgezogen werden mußten. [...] Die Kali-Chemie lieferte die Rohstoffe für das „Contergan". Die Großaktionäre der Kali-Chemie sind der Solvay-Konzern, der Sehering-Konzern[328] und die Deutsche Bank. Und der Aufsichtsratsvorsitzende der Deutschen Bank und zugleich Aufsichtsratsvorsitzender der Kali-Chemie heißt Hermann Abs! Hermann Abs – einer der mächtigsten Männer in der Bundesrepublik, Hintermann von Adenauer, Anwalt der freien Wirtschaft – das geht zu weit: Auf seine Weste darf kein Spritzer kommen (ist sie doch gerade erst von den braunen Tupfern chemisch gereinigt worden). Wenn man bedenkt, daß heute in Westdeutschland Arzneimittel in nicht weniger als 70 000 Ausführungen im Handel sind und daß der Umsatz der westdeutschen Apotheken im vergangenen Jahr bei 2,4 Milliarden Mark lag – dann versteht man, welche Interessen im Spiel sind. Und so soll die Hauptursache dieser Verbrechen an der Gesundheit im Dunkeln bleiben: Die kapitalistische Skrupellosigkeit, der Sieg des Geschäfts über das Gewissen, der Vorrang des Profits vor dem Menschenleben. Sehen sie, das ist Kapitalismus, das ist „wirtschaftliche Freizügigkeit", das ist „freie Marktwirtschaft", „freie Konkurrenz" – das ist der Bonner Staat. Ollenhauer beteuert in seinem Schlußwort die Bereitschaft der SPD-Führung, „die Verantwortung mitzutragen"; aber – so beschwor er die Industrieherren in den Regierungsparteien und die Nazis auf der Regierungsbank: „Ruft und nicht erst, wenn Not am Manne ist!" Sie wollen von Anfang an dabei sein, von Anfang an mitmachen – ohne Vorbehalt, Scham und Gewissen: Die Spottgeburt einer Opposition! Das ganze Gelichter der schwärzesten deutschen Reaktion ist angetreten und ausgeschwärmt zum Raubzug durch Lohntüten und Speisekammern der Arbeiter. Soziale und demokratische Rechte der Werktätigen werden zu

---

[328] sic!- gemeint ist wohl Schering (Anm. d. Verf.)

Schleuderpreisen verhökert. [...] Und bei alledem – vorneweg oder im Gesäß der Reaktion: Brandt, Wehner, Erler, Ollenhauer. Fürwahr – tiefer geht's nimmer. [...] So spotten sie ihrer selbst – die Betrüger an den Wählern, die Verräter an der Nation.[329]

Erneut wird hier ein einzelner Vorfall, der in der Bundesrepublik bereits ein Skandal ist, benutzt, um ihn als typisch für den feindlichen Staat zu präsentieren. Profit sei im Kapitalismus das Einzige was zählt, und diese Gier mache selbst vor Menschenleben nicht halt. Schnitzler unterstellt den „Contergan-Herstellern" somit, sie hätten das Risiko, Menschen zu schädigen, bewusst einkalkuliert. Die genannten Konzerne und die Deutsche Bank sollen, stellvertretend für Konzerne und Banken allgemein, zu Feindbildern werden. Der Skandal liegt für Schnitzler darin, dass Contergan noch immer nicht verboten ist, diese Aussage wiederholt er deshalb auch. Die Anzahl der Vorfälle dramatisieren das Ereignis. Sein Ziel ist die Diffamierung der Regierung, vor allem Adenauers, indem er letzterem vorwirft, einen an der Affäre beteiligten Konzern schützen zu wollen. Amoralisch am Verhalten des Kanzlers ist, daß ihn die Opfer angeblich nicht dazu bewegt haben, Contergan aus dem Verkehr zu ziehen, sondern erst die Gefahr, dass sein „Hintermann" ins Gerede kommt. Adenauer ist hier der eigentliche Skandalisierte. Abs selbst wird eine Nazivergangenheit unterstellt, die überhaupt nichts mit dem Skandal zu tun hat und einzig dazu dient, den Repräsentant der „mächtigen Männer" der Republik zu diskreditieren. Der sarkastische Verweis auf dessen „braune Tupfer" auf der weißen Weste, die chemisch gereinigt wurde, impliziert das künstlich-unechte der Vergangenheitsbewältigung. Wenn Schnitzler auf die „Interessen" der Apotheken eingeht, dann um diesen pauschal zu unterstellen, nur nach Profit, ungeachtet menschlicher Opfer, zu streben. Schnitzler übertreibt mit seinen bildhaften Schlagworten wie „Skrupellosigkeit", „Sieg des Geschäfts über das Gewissen", „Raubzug durch Lohntüten und Speisekammern" oder „Schleuderpreisen", die die Emotionen der Zuschauer wecken sollen. Das ganze kapitalistische System wird zum Feindbild stilisiert. Die SPD kritisiert, ihre Oppositionssituation als „Spottgeburt" und ihre Abgeordneten als „Betrüger" und „Verräter" diffamiert. Obszön und beleidigend ist auch die Behauptung, diese befänden sich im „Gesäß der Reaktion", das heißt, Schnitzler unterstellt ihr, sich der CDU zu unterwerfen anstatt die Interessen ihrer Wähler zu vertreten.

An die Bauern und die Verbraucher richtet sich Schnitzler im „Schwarzen Kanal" vom 16.1.64, indem er deren Lebensbedingungen als übertrieben schlecht skizziert. Das Schwarz-weiß-Denken des Moderators wird im Folgenden deutlich:

> Guten Abend, soweit also die westdeutschen Kartoffelpreise laut Westfernsehen. Die Hausfrauen in der DDR zahlen für den Zentner Einkellerungskartoffeln etwa 6-8,-- Mark je nach Qualität. Aber das nur nebenbei. Die westdeutschen Kartoffelpreise stehen stellvertretend für viele andere. Und den Preisen für fast alle Dinge des täglichen Lebens ist in Westdeutschland eines gemeinsam: Sie klettern von Jahr zu Jahr und niemand kann sagen, wann das ein Ende haben wird. [...] Die Verbraucher haben demnach von der vielgerühmten EWG,[330] bis jetzt nicht viel

---

[329] MS zur Sendung vom 11.12.61, in: DRA SG FS, E065-02-04_0001091, S. 10-13.
[330] sic!

Gutes gesehen. [...] Diese Bauernwirtschaften, die nicht „EWG-fest" gemacht werden können, das sind 73% aller Wirtschaften in diesem Kreis. Anders ausgedrückt: Drei Viertel aller Bauernwirtschaften dieses Kreises werden an der EWG zugrunde gehen.[331]

Die Kartoffelpreise werden pauschal für die vermeintlich „vielen anderen" hohen Preise in der Bundesrepublik angeführt. Der Moderator wählt hier das Grundnahrungsmittel der Deutschen, um den Ungerechtigkeitscharakter zu unterstreichen. Laut Schnitzler ist auch für die Zukunft ein weiteres Anwachsen der Lebenshaltungskosten unausweichlich, und ein Ende sei nicht abzusehen. Die Zuschauer sollen die EWG als ihren Feind sehen, da sie ihnen nur finanzielle Nachteile bringe. Für die Landwirte zeichnet Schnitzler eine desaströse Zukunft, da sie die EWG zugrunde richte. Wieder sei es nur eine kleine Anzahl von „Großbetrieben", die auf Kosten der Mehrheit der „Kleinbauern" ungerechterweise Profit mache:[332]

Im Bonner Staat allerdings ist für die Kleinbauern ja auch höchstens Kleingeld da, für die großen Summen stehen andere Dinge auf der Tagesordnung.

Mit den „großen Summen" werden laut Schnitzler Atomwaffen gekauft.[333] Mit seinem Wortspiel unterstreicht Schnitzler die Ungerechtigkeit des Systems, in dem demnach das große Geld an einzelne Großbauern geht und der „Kleine" zu schlechtesten Bedingungen für die Industriellen arbeiten muss:[334]

Bauer Steiger wird also zur Arbeit in den Industriebetrieb gehen, seine Frau und seine Schwester werden den Hof versorgen, vielleicht werden die Kinder ein wenig helfen können, aber es bleibt für den Mann noch genügend Arbeit zu tun, bis Feierabend und am Wochenende. Und zur Erntezeit? „Da muß ich sehen, daß ich irgendwie mit Maschinen zurechtkomme in Nachbarschaftshilfe oder ich muß mir Urlaub nehmen", sagt Bauer Steiger. Und wie lange wird sich der Körper diesen Raubbau an der Gesundheit gefallen lassen?[335]

Auch hier nutzt Schnitzler die Aussage eines Bauern im Westfernsehen, um sie auf alle Kleinbauern zu beziehen. Der „Raubbau an der Gesundheit" soll die unmenschlichen Arbeitsbedingungen im Feindesstaat herausstellen. Die Bauernarbeit wird nahezu zur Sklavenarbeit stilisiert, in der es niemals Feierabend oder Wochenende gibt. Für die Arbeit in der Ernte muss sich der Bauer gar Urlaub nehmen. Die ganze Familie, sogar die Kinder sind gezwungen, mit zu arbeiten. Skandalhaft ist, dass diese harte Arbeit scheinbar nicht belohnt wird, sondern das Geld nur an die großen Betriebe und die Industrie geht. Schnitzler als Skandalisierer versucht hier die „kleinen" Bauern gegen die Großunternehmer aufzuhetzen.

In derselben Sendung thematisiert Schnitzler auch die „Ungerechtigkeit" im Bildungswesen:

Übrigens waren das nicht nur schöne Worte, es waren auch ein paar eindeutige Unwahrheiten darunter. Wie hiess es da: Bildung ist nicht mehr das Bildungsprivileg der bevorrechtigten Klassen? Wie kommt es dann, dass in Westdeutschland

---

[331] MS zur Sendung vom 16.11.64, in: DRA SG FS, E065-02-04_0001227, S. 1-3.
[332] MS zur Sendung vom 16.11.64, in: DRA SG FS, E065-02-04_0001227, S. 4.
[333] vgl. ebd. S. 5.
[334] Die unmenschliche Situation und „Ausbeutung" des Arbeiters thematisiert Schitzler u.a. in der Sendung vom 6.11.67.
[335] MS zur Sendung vom 16.11.64, in: DRA SG FS, E065-02-04_0001227, S. 4.

nur etwa 6 Prozent der Studierenden Arbeiterkinder sind? Die Arbeiter machen fast die Hälfte der Bevölkerung aus und nicht 6 Prozent. Was zeigt sich darin anders[336] als ein Bildungsprivileg der bevorrechtigten Klassen? Trotzdem mag einiges, was die CDU-Prominenz da vorzutragen hatte, sogar echter Sorge entsprungen sein. Einmal, weil im nächsten Jahr Bundestagswahlen sind. Zweitens aber gerät Westdeutschland mit jedem Jahr mehr in die Gefahr, im internationalen, wirtschaftlichen Wettbewerb zurück-zu-bleiben, wenn nicht die gesamte Bildungspolitik schnell und grundlegend verändert wird. Da sind also auch Profite in Gefahr, vielleicht noch nicht die von heute, wohl aber die von morgen. Deshalb wird man wahrscheinlich sogar einiges tun wollen. Auch auf einem anderen Gebiet der Bildung und Erziehung wäre ja einiges notwendig.[337]

Die Empörung Schnitzlers über die skizzierte Chancenungleichheit machen die rhetorischen Fragen deutlich. Ein sehr großer Prozentteil der Arbeiterkinder sei allein aufgrund ihrer „Klassenzugehörigkeit" vom Bildungswesen ausgeschlossen. Man kann hier von einer Monokausalität sprechen, denn Schnitzler führt die geringe Anzahl an Studierenden aus der „Arbeiterklasse" ausschließlich auf das soziale System der Bundesrepublik zurück. Auch für die aktuellen Bemühungen der Regierung, das Bildungswesen zu verbessern, schlägt Schnitzler eine einfache Erklärung vor. Er führt sie auf den Machterhaltungs- und Profitwillen der CDU-Politiker zurück. Die Absichten des Feindes werden also diffamiert, da es den Politikern angeblich nicht um den sozial-menschlichen Aspekt geht, nämlich um Bildungschancen[338], sondern um die Durchsetzung der eigenen Interessen. Auf Machtpolitik und Profite sowie auf die Rüstungspolitik als einfache Ursachen, führt Schnitzler auch in späteren Sendungen hohe Preise, Mieten und Tarife zurück, um die Westbürger gegen die Politik ihrer Regierung aufzubringen.[339]

Die Arbeitslosigkeit in der Bundesrepublik wird zum Skandal, wenn Schnitzler den Kapitalisten unterstellt, daraus Nutzen zu ziehen, da sie so auf die Löhne der Arbeiter drücken könnten.[340] In derselben Sendung behauptet Schnitzler, Arbeitslosigkeit gebe es in der DDR nicht und hetzt am Ende gegen das feindliche Regime:[341]

> Der Feind steht im eigenen Land! Diesem Bonner Regime keine Illusion, kein Vertrauen, keinen Mann und keinen Groschen!

Als eine weitere soziale Ungerechtigkeit thematisiert Schnitzler in verschiedenen Sendungen die Ungleichheit von Mann und Frau im Kapitalismus. So auch in der Sendung mit dem bezeichnenden Titel „Kapitalismus":

> Da gibt es schöne Verfassungstexte von der Gleichberechtigung der Frau, schöne Gesetze und besonders schöne Illustriertenreportagen; auch Witze – aber die sind schon weniger schön. In der Wirklichkeit indes erweist sich die Gleichberechtigung der Frau im Kapitalismus als aufgelegter Schwindel. Einzelne, seltene Ausnahmen hebt man heraus, spielt man hoch, benutzt man als Aushängeschild. Aber

---

[341] Ebd. S. 6 f

in der Regel ist es anders, werden Frauen minderbewertet und minderbezahlt (auch für die gleiche Arbeit) [...][342]

Schnitzler will die Frauen Westdeutschlands auf seine Seite ziehen, ihnen glaubhaft machen, dass das kapitalistische System ihre Arbeit nicht voll anerkenne. Das System an sich soll zum Feind der Frau stilisiert werden, denn wenn Schnitzler eine Minderbezahlung mit einer Minderbewertung der Frau im Kapitalismus gleichsetzt, impliziert er damit eine unmenschliche Haltung gegenüber den Frauen in Westdeutschland. Gilt somit die Arbeit des Mannes sowie der Mann selbst als „höherwertig", wird die Frau zum „Menschen zweiter Klasse". Die Erwähnung der Witze soll verdeutlichen, wie wenig ernst die Gleichberechtigung der Frau in ihrer Gesellschaft genommen werde. Die Ungerechtigkeit des Klassensystems spiegelt sich also nach Meinung Schnitzlers auch im Verhältnis zwischen Mann und Frau wieder. Dass der Kapitalismus gegen die Selbstverwirklichung der Frauen durch Arbeit ist, sollen auch die folgenden Worte ausdrücken, die Schnitzler ein paar Wochen später anführt:

[...] als Mädchenideal allenfalls Krankenschwester, Sozialfürsorgerin oder Stewardess, im Grunde aber doch: Küche, Kirche, Kinder [...].[343]

Den Frauen bleiben demnach höchstens die traditionellen Frauenberufe. Ansonsten würden sie zu ihrer klassischen Rolle als Hausfrau erzogen. Die Alliteration „Küche, Kirche, Kinder" betont sprachlich die reaktionäre Denkweise im Kapitalismus. Die Bundesrepublik wird so als unmodern, in der Entwicklung zurückgeblieber, also im Vergleich zur DDR primitiver Staat präsentiert. Den Frauen in der DDR soll verdeutlicht werden, dass sie in dem für sie besseren System leben. So gab es auch vor allem von 1961 bis 1965 frauenpolitische Kampagnen unter dem Thema „Die Frau, der Frieden und der Sozialismus".[344]

Die Sendung mit dem Titel „Menschenrechte und gewöhnlicher Kapitalismus" erscheint wie eine „Generalabrechnung" mit allen „Übeln" des Kapitalismus. Hier klingt die volle Empörung Schnitzlers über die vermeintliche Unmenschlichkeit des kapitalistischen Systems, in dem sogar Hunde besser leben als mancher Mensch, an:

Meine Damen und Herren, einen kleinen Aussschnitt aus der Sendung des Westdeutschen Fernsehens über Kindermißhandlungen[345], benannt „Zerschlagene Zukunft", vermittelte Ihnen kürzlich schon unsere „Aktuelle Kamera": Aber es ist keineswegs nur der zunehmend brutale Umgang mit wehrlosen Kindern, der Anlaß gibt, über diese Gesellschaft „bestürzt" zu sein. (Eine Frechheit übrigens, den Ort dieser Verbrechen als „Deutschland" zu bezeichnen: Als ob so etwas in der Deutschen Demokratischen Republik möglich wäre...) Aber wie gesagt, Kindesmißhandlungen und Tötungen sind nicht die einzigen Symptome der Verrohung, der Gleichgültigkeit gegenüber den Mitmenschen, der Herzlosigkeit einer Gesellschaft, die „Schappi" für`s Hündchen kauft („mit echter Leber"), Butterberge vernichtet und gleichzeitig über den Hunger in Biafra und Indien Krokodilstränen

---

[342] MS zur Sendung vom 2.12.68, in: DRA SG FS, E065-02-04_0001438, S. 2.

[343] MS zur Sendung vom 23.12.68, in: DRA SG FS, E065-02-04_0001441, S. 2.

[344] vgl. hierzu Gibas, Monika, „Die Frau, der Frieden und der Sozialismus". Erziehungspropaganda oder Emanzipationskampagne?, in: Diesener, Gerald/Gries, Rainer (Hg.), Propaganda in Deutschland. Zur Geschichte der politischen Massenbeeinflussung im 20. Jahrhundert, Darmstadt 1996, S. 158-175.

[345] sic!

vergießt. Und von „Menschenrechten" schwätzt, von „geheiligten, unantastbaren, unveräußerlichen Rechten der Menschen, die frei und gleich an Würde und Recht geboren" sind. Kinder, die totgeschlagen werden; 300 000 Bettler (das ist die offizielle Zahl!); und Bürger, die achtlos vorbeigehen, während ein Mitbürger auf dem frostigen Pflaster im Sterben liegt: Das macht der Kapitalismus aus dem Menschen. [...] „Gewöhnlicher Kapitalismus" kann man dazu sagen. An der Wahnsinnshöhe der Mieten können weder Pädagogen, noch Ärzte, Soziologen oder die Baubehörden von amtswegen etwas ändern – denn die Wirtschaft ist ja „frei": Der Hausbesitzer und Vermieter kann nehmen, was er will – und der Mieter ist so „frei", bezahlen zu dürfen, was verlangt wird. Und so arbeiten immer mehr Frauen – nicht, weil die Arbeit ihrem Leben Sinn gäbe und ihrer Persönlichkeit Form, nicht, weil sie zum Bedürfnis wird, zur Selbstbestätigung, zum Ausdruck ihrer Würde und Gleichberechtigung (da sind schon niedrigere Löhne und benachteiligende Gesetze vor) – nein, weil sie so „frei" sind, zu müssen... die Debütantinnen allerdings, die höheren Töchter, die nach Pensionat und Weltreise „in die Gesellschaft eingeführt" werden, d.h. auf den Heiratsmarkt – die müssen nicht, die sind so „frei", feiern[346] flirten und faulenzen zu dürfen. Gewöhnlicher Kapitalismus. Sie wohnen allerdings auch ein bißchen anders als das „niedere Volk" – pardon, als der „Wohlstandsbürger" und „Sozialpartner" natürlich, meine ich. [...] allerdings passt es gar zu trefflich in die Weihnachtszeit, da die Gesellschaft, in deren Schoß Kinder erschlagen werden, Bettler betteln und Preise steigen – da eben diese Gesellschaft die verhärteten Herzen öffnet. Nicht zuviel, aber doch genug, um eine kleine Freude zu machen – vor allem sich selbst: Prestigebewußtsein zeigen, Statussymbole nicht nur sich selbst schaffen, sondern sogar anderen zukommen lassen; und vielleicht fällt gar ein Scherflein ab für den Kinderschutzbund oder dem Tierschutzverein oder für eine caritative und natürlich private Aktion für Biafra. Das beruhigt schön das Gewissen – falls vorhanden. Bloß – und das ist zugleich der unvermeidliche Mangel solcher gutgemeinten Sendungen im kapitalistischen Fernsehen: An den Zuständen, an den Verhältnissen kratzen sie nicht einmal. Was für eine Staatsform, was für eine Gesellschaft ist das, die aus Menschen so etwas machen! Was für ein System, deren Repräsentanten ihren hundsgewöhnlichen, ordinären, brutalen, schäbigen, unmenschlichen Kapitalismus mit einem Wortschwall drapieren: „Freiheit, Gleichheit, Würde, unveräußerliche geheiligte Menschenrechte und freiheitlicher Rechtsstaat". Und die für einen solchen jämmerlichen Staat auch noch Achtung fordern und die Bereitschaft, ihm zu dienen![347]

Zu Beginn steht der Fall der Kindesmisshandlungen exemplarisch für die Unmenschlichkeit eines Systems, das der DDR als vermeintlich verbrechenloses kommunistisches System gegenübergestellt wird. Die Ausdrücke „brutal", „Verrohung", „Herzlosigkeit", „verhärtete Herzen" und „Gleichgültigkeit" dramatisieren und pauschalisieren die skandalösen Zustände in der Nachbarrepublik. Schnitzler zeichnet mit sehr bildhafter Sprache ein wahres Horrorszenario von „totgeschlagenen" Kindern und sterbenden Bettlern und präsentiert dies als Alltag in der Bundesrepublik. Alles Negative wird auf den Kapitalismus und seine Eigenschaften wie der freien Marktwirtschaft geschoben. Die 300000 oder sogar noch mehr Bettler sollen die westdeutschen Zuschauer aufrütteln, sie auf die Missstände im eigenen Land aufmerksam machen. Die „Krokodilstränen" deuten die vermeintliche Falschheit von Mitleid gegenüber Mitmenschen an. Spen-

---

[346] sic!

[347] MS zur Sendung vom 16.12.68, in: DRA SG FS, E065-02-04_0001440, S. 1-3.

den an gemeinnützige Einrichtungen werden als scheinheilig diffamiert, um das negative Bild vom Feind aufrecht zu erhalten. Zudem erwähnt Schnitzler bewusst, dass es sich um private caritative Einrichtungen handle, um zu verdeutlichen, dass der kapitalistische Staat in Menschlichkeit nicht investiere. Die soziale Ungleichheit wird sarkastisch im Verhältnis zwischen Vermieter und Mieter angeprangert. Auch bei den Frauen sieht er Klassenunterschiede zwischen Arbeiterinnen und „höheren Töchtern", wobei er letztere pauschal mit der Alliteration „freien, flirten, faulenzen" in Verbindung bringt. Erstere zählt er zum „niederen Volk", seine „Korrektur" verdeutlicht mit Ironie, dass es den „Wohlstandsbürger" nicht gäbe. Auffällig, und sehr entlarvend für Schnitzlers Methoden, ist, dass er beim Thema Frauen hier die zunehmende weibliche Erwerbstätigkeit als unfreiwillige Arbeit hinstellt.[348] In der zuvor zitierten Quelle skandalsierte Schnitzler noch, dass man die Rolle der Frauen im Heim sah. Arbeitet die Frau nun, wird auch dieser Zustand für den Zweck der Diffamierung des feindlichen Systems entsprechend uminterpretiert. Die Adjektive „hundsgewöhnlich", „ordinär", „brutal", „schäbig", „unmenschlich" fassen Schnitzlers Meinung über den Kapitalismus zusammen. Der Skandalisierer erwartet eine Reaktion von den westdeutschen Zuschauern. Das verdeutlicht der letzte Satz. Die Westdeutschen sollen die „Achtung" und die „Bereitschaft" diesem „jämmerlichen Staat" und seinen „Repräsentanten" zu dienen verlieren.

Ein halbes Jahr später, zur Wahl Heinemanns, zeichnet Schnitzler ein ebenso einseitiges und schwarzes Bild von der Bundesrepublik und diffamiert gleichzeitig Lübke, Heinemann und die CDU/CSU:

> In der Bundesrepublik besitzen 15 000 Kapitalisten mehr Kapital als 58 Millionen Bundesbürger. [...] Und das soll „die beste Ordnung sein, die es je in unserer Geschichte gab", „auf Menschenwürde und Menschenrecht begründet", eine „repräsentative Demokratie": Kein Einfluß, „die da oben" entscheiden über Arbeit und Existenz, „Obrigkeit" auf der einen, „Ohnmacht" auf der anderen Seite. Und Herr Flick bezieht – gemessen an der durchschnittlichen jährlichen Zahl der Produktionsstunden eines westdeutschen Arbeiters – einen Stundenlohn von 62 390 Mark! So „repräsentativ" ist diese „beste Ordnung in der deutschen Geschichte", so „menschlich und gerecht"! [...] Was das mit Lübke und Heinemann zu tun hat? Natürlich nichts. Oder nur soviel, daß beide genauso zum System gehören, wie das Gift im Rhein und die Bundeswehrmunition in Hannover. Oder wie Steuerhinterziehung, Preisschwindel, Baubetrug, Subventionsschwindel, Luftgeschäfte, Konkursschwindel, Versicherungsbetrug, Bestechung – oder die Börse, deren Kurse das Zweite Westdeutsche Fernsehen jeden Abend in der Hauptsendezeit ausstrahlt (wahrscheinlich für Lohn- und Gehaltsempfänger, denn es handelt sich ja um eine „repräsentative Demokratie"). [...] „Wohlstandsgesellschaft nennt man das – wenn die CDU/CSU sich durch Bestechung im Waffenhandel Wahlgelder verschafft und ein „Parlamentarischer Untersuchungsausschuß" alles zudeckt, was die Spatzen vom Bonner Münster pfeifen. Oder wenn ein notorisch korrupter Minister ungestraft Öffentlichkeit und Parlament belügen darf. Das ist übrigens für diese „Demokratie" in der Tat „repräsentativ..." [...]. Nun, gar so unsichtbar sind die Monolpole nicht, die den Bundesbürger draußen stehen lassen und ihn in einem kapitalistischen System eingepfercht halten, das aber auch nicht die Spur sei-

---

[348] Frauenarbeit im Kapitalismus wird auch in der Sendung vom 4.9.67 kritisiert.

nen Charakter ändert, wenn nun ein Mann namens Heinemann den Präsidenten spielen darf.[349]

Der Vergleich zwischen Kapitalisten und Bundesbürgern soll noch einmal die enorme Ungleichheit im Kapitalismus offenlegen. Schnitzler nutzt diesen Vergleich, wie auch den Vergleich zwischen dem Unternehmer Flick und den Arbeitern, um mittels Ironie anschließend glauben zu machen, dass die westdeutsche Demokratie eben weder repräsentativ sei, noch dass sie Würde und Recht des Menschen achte. Das heißt, allein die materielle Ungleichheit unter den Bürgern wird pauschal auf die rechtliche und Machtungleichheit im feindlichen System übertragen. Schnitzler übertreibt, wenn er von „Ohnmacht" und „eingepfercht" spricht. Die Bundesbürger erscheinen so wie Gefangene im eigenen Staat. Der Begriff „Obrigkeit" impliziert nahezu eine Diktatur weniger über die Mehrheit der Bürger. Neben Flick soll sich die Empörung gegen Lübke und Heinemann als Repräsentanten des Systems richten. Lächerlich soll der neue Bundespräsident wirken, wenn der Moderator seine Amtsausübung als Spiel bezeichnet. Beide Politiker werden diffamiert, wenn Schnitzler ihnen unterstellt, zu einem System zu gehören, dass von ihm im Folgenden im höchsten Maße kriminalisiert wird. Für Schnitzler hat der Feind nichts anderes zu bieten als Bestechung, Schwindel und Betrug. Schnitzlers ironische Definitionen von der „Wohlstandsgesellschaft" und der „repräsentativen Demokratie" sollen die Zuschauer gegen die „kriminellen „Machenschaften" der CDU/CSU und letztlich gegen das kapitalistische System empören. Dazu dient auch die Bezeichnung „notorisch korrupt", die auf die Häufigkeit der Normbrüche in der „Skandalrepublik" aufmerksam machen soll.

Auch einen Bestechungsfall aus dem Sport nutzt Schnitzler, um das kapitalistische System zu charakterisieren. Seine Sendung vom 14.6.71 nannte der Moderator des „Schwarzen Kanals" „Schmutziger Fußball – schmutziges System":

Ja. Es muß ein unbehagliches, ungutes Gefühl sein: Da bezahlt man samstags oder sonntags diese Unsummen, die es in der BRD kostet, ein Fußballspiel sehen zu dürfen, und man ärgert sich: Stattdessen lassen Stürmer Torchancen aus und Torwarte Tore herein, weil Tore nicht geschossen, sondern gekauft werden. Da überlegt man sich allwöchentlich genau, wo man auf dem Fußball-Totoschein sein Kreuz hinsetzt; aber was hilft alles Wissen, wenn die Akteure kein Gewissen haben, wenn es – wie Kommentator Gütt sagt – „offenbar für völlig selbstverständlich und in voller Ordnung betrachtet wird, Geld im Stiefel sei eine Auszeichnung, weil es den Marktwert steigert". Ein Sportler – und „Marktwert": wie geht das zusammen? Der Mensch als Ware... Sind das nur „Auswüchse" – wie man jetzt „völlig überrascht" tut? Ist das etwas Neues? Hängt das nicht vielmehr mit der Gesellschaft zusammen, mit dem Kapitalismus [...]. Und sind nicht gerade die jüngsten Vorgänge in der Fußballbundesliga der BRD und im Westberliner Fußball das Gegenbeispiel – das negative, versteht sich – zu unserer sozialistischen Gesellschaftsordnung, in der „der Mensch im Mittelpunkt aller Bemühungen" steht? Wir entwickeln die sozialistische Persönlichkeit. Wir mehren die guten Eigenschaften des Menschen. Wir sorgen für die freie Entfaltung seiner Fähigkeiten. Was aber macht der Kapitalismus aus dem Menschen...? [...] Ja, Nötigung, Untreue, Betrug, Bestechung und Erpressung, das sind keine „schlechten Scherze", sondern das ist Kapitalismus. Daß es sowas vor und nach dem Spiel gab und gibt, ist seit langem bekannt. Aber die 90 Minuten zwischen Anpfiff und Ab-pfiff – die waren in der Vorstellung gutgläubiger Sportsfreunde gewissermaßen eine „Enklave der der[350] Fairneß in einer unfairen Gesellschaft". Von dieser Illusi-on gilt es nun Abschied zu nehmen. Was jetzt bekannt wurde, waren nicht die ers-ten und gewiß nicht die letzten Vorfälle. Aber nun sind ja die „Saubermänner" am Werk, um den Dreck unter den Rasen bzw. unter den Teppich zu kehren. Ein biß-chen Untersuchung, ein bißchen Staatsanwalt. Ein paar werden über die Klinge springen müssen – den empörten Fußballfreunden zum Fraß vorgeworfen. Aber dann wird alles wieder blütenweiß, wird die Bonner und Schöneberger Fußball-welt wieder heil sein. Schauen Sie, warum sollen Fußballer im Kapitalismus sich eigentlich nicht kaufen lassen? Andere machen es ihnen doch vor. Da werden in aller Öffentlichkeit Bundestagsabgeordnete bestochen, damit sie von einer Partei zu einer anderen übertreten. Da werden Abgeordnete von der Industrie ausgehal-ten, damit sie für industriefreundliche Gesetze stimmen. Da ist ein Strauß korrupt bis über beide Ohren – und trotzdem ein „Ehrenmann", Parteiführer und „Vor-kämpfer der freiheitlich-demokratischen Grundordnung. Ein Subjekt wie sein Bu-senfreund Kapfinger darf weiter eine Zeitung herausgeben. Springer hat seine be-zahlten Leute im II. Programm des Westdeutschen Fernsehens. Der CSU-Abge-ordnete und Strauss- Freund Zimmermann hat seine schmutzigen Hände in der bayrischen Spielbankaffäre und ist des Meineids überführt – und darf trotzdem weiter den Abgeordneten spielen und sogar als Vorsitzender des Bundestagsaus-schuß[351] für Rüstung fungieren. [...] Ob im Bundestag oder auf dem Fußballplatz: es handelt sich um ganz gewöhnlichen Kapitalismus.[352]

Ein Vorgang aus dem Fußballsport wird erneut pauschalisiert und mit Vorgän-gen in der Politik in Verbindung gebracht, um herauszustellen, dass der Kapita-lismus sich auf allen sozialen Ebenen bemerkbar mache. Gerade dass der Fuß-ball, des Deutschen „liebstes Kind", die Freude des „kleinen Mannes", betroffen ist, soll empören. Eine Normbruch auf dem Fußballplatz wird als Exempel für eine vermeintliche Normalität in der „Skandalrepublik" präsentiert. Das Regel-hafte und Alltägliche unterstreichen die Wendungen „allwöchentlich", „Tore werden gekauft", „nicht die ersten und gewiß nicht die letzten Vorfälle" und „gewöhnlicher Kapitalismus" sowie die rhetorische Frage „ist das etwas Neues?". Während der Kapitalismus negative Eigenschaften wie Gewissenlosig-keit mehre, stünden auf der eigenen Seite ausschließlich „gute Eigenschaften" als Ergebnis des Sozialismus. Die Unterscheidung in Freund-und Feindbild wird hier also wieder vollzogen. Im Kapitalismus sei der Mensch demnach eine Ware, also käuflich, das System sei unmenschlich, während wiederum in der DDR der Mensch im Mittelpunkt stünde. Schnitzler definiert auch hier die kapi-talistische Gesellschaftsordnung ausschließlich durch negative Charakteristika, als biete sie nichts anderes als „Nötigung, Untreue, Betrug, Bestechung und Er-pressung". Mit dem Fußballbestechungsskandal sei also die letzte „Enklave der Fairneß" als Illusion entlarvt worden. Damit will Schnitzler sagen, dass West-deutschland alle Zeit und überall eine „unfaire Gesellschaft" sei. Vorbild der Fußballprofis seien die Politiker, das heißt, Schnitzler nutzt den Vorfall, um be-sonders Strauß und die CSU als Feinde der Versöhnungspolitik der soziallibera-

---

[350] sic!
[351] sic!
[352] MS zur Sendung vom 14.6.71, in: DRA SG FS, E001-00-01_0002127, S. 1,3,4,5.

len Koalition zu diffamieren. Er zieht eine nicht begründete Parallele zwischen Korruption im Sport und Korruption in der Politik, aber auch im Feindfernsehen.

Ironisch-sarkastisch spricht der Moderator von der „wieder heilen Fußballwelt" und spielt mit der Redewendung „unter den Teppich kehren", um zu skandalisieren, dass viele „Regelverbrecher" nicht bestraft würden. Damit kritisiert er den typischen Effekt des Skandals, nämlich die symbolhafte „Opferung" weniger Schuldiger für das empörte Skandalpublikum. Schnitzler aber hat höhere Ziele. Die Genügsamkeit des Skandals ist den auf Revolution sinnenden Ideologen ein Ärgernis.[353]

---

[353] Schmitz, Die Kunst des Skandals, S. 323.

## VIII. Die Rezeption von Schnitzlers Kanal

Ob es Schnitzler zeitweise schaffte, das Feindbild Bundesrepublik aufzubauen, lässt sich schwer feststellen. Uwe Johnson, der für den Berliner Tagespiegel Sendungen des DDR-Fernsehens rezensierte, bezweifelte die Wirksamkeit von Schnitzlers Polemik, selbst dann, wenn sie sich auf tatsächlich vorhandene kritikwürdige Ereignisse bezog.[354] Zu sehr wurde im „Schwarzen Kanal" der ideologische Impetus spürbar. Marcus Bier befragte ehemalige DDR-Bürger über ihren Umgang mit dem Fernsehen in der DDR. Auch wenn sich solche Ergebnisse nicht verallgemeinern lassen, spiegeln sie doch unterschiedliche Meinungen über den „Schwarzen Kanal" und seinen Erfolg wider. So gab ein 20jähriger an, dass in Berlin die Sendung spätestens nach den 60er Jahren niemand mehr ernst genommen habe.[355] Er habe sich mit der DDR arrangieren können, ohne an deren Feindbilder zu glauben. Allerdings habe er bei einem Aufenthalt in Rügen, wo es nur Ostfernsehen gab, auch erlebt, dass sich eine Familie ihre Woche nach dem „Schwarzen Kanal" einteilte. Ein Ostberliner und ein Rathenower lehnten den „Schwarzen Kanal" als reine „Propaganda" und „propagandistisch bevormundend" ab.[356] Geserick berichtet aus eigener Erfahrung, dass sein Wunsch, die Sendung bei Verwandten in Sachsen-Anhalt verfolgen zu dürfen, stets dazu geführt habe, dass die ostdeutschen Gastgeber fluchtartig ihr Wohnzimmer verließen.[357] „Sudel-Ede" nannte man Schnitzler im Volksmund der DDR und auch Witze über die Sendung blieben nicht aus.[358] Der gängigste Witz fragte nach dem „Schni"- die Zeit, die es dauerte, um vom Sessel bis zum Fernseher zu kommen und den „Schwarzen Kanal" abzudrehen.

Die Leserbriefe an Schnitzler, die aus dem Osten wie aus demWesten kamen, zeichnen ein breites Spektrum von Begeisterung bis starker Ablehnung. So schrieb dem Moderator 1960 eine Gruppe von 50 Arbeitern aus Hennigsdorf einen regelrechten Drohbrief:

> Ob man Zeitung liest, Radio hört, Fernseh' sieht, weiter nichts als Hetze gegen den Westen und Propaganda für den Osten. Darum hören und sehen 90 Prozent nur die Westsender. Ein Glück, dass man die Westsender hören und sehen kann, sonst würde das Volk in Dummheit erhalten bleiben. Sogar 150 prozentige Pg. sind mit ihren Hetzsendungen nicht einverstanden. [...] Wenn wir die Sendungen „Das schwarze Schaf (mit blauem Blut) im schwarzen Kanal" sehen und hören, stellen wir sofort ab, denn Ihre Fratze (Verbrechertyp) kann einem das Kotzen beibringen. Sie als ehemaliger Junker sprechen ja nicht aus Überzeugung, sondern nur für das Geld, das Sie dafür erhalten. Ein Adliger ist nie ein Kommunist. [...] Wir raten Sie mit Ihrer Hetze sich zu enthalten, es könnte Ihnen einmal schlecht

[354] Kreutz/Löcher/Rosentein, Von „AHA" bis „Visite", S. 33.
[355] Bier, Marcus, Im Wendekreis des Westfernsehens – Über den individuellen Umgang mit der Television in der DDR, in: Hickethier, Knut (Hg.), Deutsche Verhältnisse und Beiträge zum Fernsehspiel in Ost und West , Siegen 1993 (Arbeitshefte Bilschirmmedien 41), S. 162.
[356] Ebd. S. 170, 177.
[357] Geserick Rolf, Wettkampf der Systeme. Hörfunk und Fernsehen in der DDR von 1952 bis 1989, in: ARD-Jahrbuch 23 (1991), S. 49.
[358] Dohmen, Holger, Gift und Galle. Das ist Karl-Eduard von Schnitzler, in: Hamburger Abendblatt, 31.10.89, S. 2.

ergehen. Wir fordern freie, geheime Wahlen. Alles andere was sie uns vorgaukeln ist meistens alles Schwindel. [...][359]

Aber es gibt auch Fans, die nach einer Krankheit Schnitzlers froh sind über dessen Rückkehr auf den Bildschirm.[360] Das Institut für Meinungsforschung beim ZK der SED fand 1966/67 durch die Befragung von 3232 Jugendlichen heraus, dass nur 10,3 Prozent von ihnen gerne den „Schwarzen Kanal" ansehen.[361] In einer Betriebsumfrage erhielt die Sendung bei der gleichen Frage immerhin 19,5 Prozent.

Für eine wirksame Polemik ist eine regelmäßig hohe Einschaltquote Voraussetzung. Da es die Abteilung Zuschauerforschung in der DDR erst ab 1968 gab, kann über den Erfolg der frühen Jahre der Sendung keine Aussage gemacht werden. Die Ergebnisse für den restlichen Untersuchungszeitraum sind lückenhaft, dennoch kann man von den vorliegenden Einschaltquoten von einem hohen Wahrheitsgehalt ausgehen, da sie nur für die Parteiführung, nicht aber für die Öffentlichkeit zugänglich waren.[362] Die Einzel-Ergebnisse aus Sofortresonanzen, die aus dem Jahr 1968 vorliegen, verzeichnen eher wenig Zuschauer. So wurden beispielsweise am 4. Juni 1968 462 Fernsehzuschauer um eine Bewertung verschiedener Sendungen gebeten. Der mögliche Fehler beträgt hier laut Zuschauerforschung etwa 3.0 bis 5,5 Prozent. Demnach schalteten am 3.6.68 nur 3,7 Prozent der Befragten den „Schwarzen Kanal" ein.[363] Am 5. August sahen 6,9 Prozent der Befragten[364], zwei Wochen später 14, 3 Prozent zu.[365] Am 4. Oktober 1968 gaben zwar 22,3 Prozent der 506 befragten Fernsehzuschauer an, den „Schwarzen Kanal" vom 30.9.68 gesehen zu haben, allerdings waren 32,5 Prozent Mitglieder eines „Kollektivs der sozialistischen Arbeit", Mitarbeiter in Jugendprojekten oder Neuerer.[366] So auch bei der 24. Sofortresonanz vom 18. Dezember 1968, nach der die Sendung vom 16.12.68 sogar 29 Prozent sahen, davon allerdings 53,3 Prozent politisch Aktive.[367]

Im Juli 1970 stellte die Abteilung Zuschauerforschung unter anderem ihre Forschungsergebnisse zum „Schwarzen Kanal" vor.[368] Demnach lag die durchschnittliche Sehbeteiligung in der Gesamtzuschauerschaft der DDR von Mai bis Oktober 1969 bei 14,5 Prozent (Zuschauer-Bewertung: 3,34), von November bis Dezember 1969 bei 13,7 Prozent (Bewertung: 3,03), von Januar bis März 1970

---

[359] Anonymer Brief vom 4.6.60 aus Hennigsdorf „An das schwarze Schaf des schwarzen Kanals", in: URL: http://sk.dra.de

[360] vgl. Fan-Brief von Hans G. aus Stendal vom 29.12.64, in: URL: http://sk.dra.de

[361] Niemann, Heinz, Meinungsforschung in der DDR. Die geheimen Berichte des Instituts für Meinungsforschung an das Politbüro der SED, Köln 1993, S. 23 f.

[362] vgl. Klein, Wolfgang, Westfernsehen ins volkseigene Kabel ?!, in: ARD-Magazin 1987, Nr. 2, S. 10.

[363] Ergebnisse der 9. Sofortresonanz vom 4.6.68, in: DRA SG FS, H008-02-04_0059.

[364] Ergebnisse der 14. Sofortresonanz vom 8.8.68, in: DRA SG FS, H008-02-04_059.

[365] Ergebnisse der 15. Sofortresonanz vom 22.8.68, in: DRA SG FS, H008-02-04_059.

[366] Ergebnisse der 18. Sofortresonanz vom 4.10.68, in: DRA SG FS, H008-02-04_059.

[367] Ergebnisse der 24. Sofortresonanz vom 18.12.68, in: DRA SG FS, H008-02-04_059.

[368] Zusammenstellung der Forschungsergebnisse zu journalistischen Sendungen des Deutschen Fernsehfunks im Zeitraum von November 1969 bis Mai 1970, in: DRA SG FS, H008-02-04_0026, S. 36.

nur noch bei 13,4 Prozent (Bewertung 3,02). Die Verfasserin Inge Margot Gras-
nick von der Abteilung Zuschauerforschung zeigte sich über diese Quoten unzufrieden:

> Man sollte sich nicht damit abfinden, daß der Schwarze Kanal sein Stammpubli-
> kum halten wird – d.h., die politisch besonders Interessierten und Aktiven. Gerade
> die Zuschauer, die notwendigerweise erreicht werden müßten, werden vermutlich
> nicht ausreichend angesprochen. Außerdem ist bei einem so begrenzten Zuschau-
> erkreis eine nur „zufriedenstellende" Bewertung nicht als ausreichend zu betrach-
> ten. Man sollte überlegen, ob sich die Sendung nicht massenwirksam gestalten lie-
> ße. Besonders wichtig erscheint mir das in Anbetracht der Tatsache, daß diese
> Sendung so gut wie die einzige ist, die sich mit der Argumentation des Gegners
> auseinandersetzt. Über 80 % der Zuschauer erhalten so keine ideologische Hilfe-
> leistung über den DFF.

Der große Anteil der nichterreichten Zuschauer wird wohl vermutlich vor allem
der sein, der das westdeutsche Fernsehen als glaubwürdigeres bevorzugt. 1980
wurde dieser Teil immerhin auf mehr als 70 Prozent geschätzt.[369] Gerade kritische politische Magazine und Informationssendungen des Westfernsehens lagen
in der Zuschauergunst des Ostens.[370] Sie stießen dort sogar auf größeres Interesse als in der Bundesrepublik.

Einschaltquoten aus dem Westen sind für den „Schwarzen Kanal" nicht bekannt.
Man vermutet, dass die Sendung hier mindestens ebenso viele Zuschauer wie im
Osten hatte.[371] Das wäre, angesichts der Tatsache, dass der Empfang im Westen
beschränkt war – auch in den achtziger Jahren konnte nur jeder siebte Haushalt
der Bundesrepublik das DDR-Fernsehen empfangen[372] – beachtlich. Westlich
der Elbe war zumindest kein Fernsehgesicht aus der DDR so bekannt wie
Schnitzlers.[373] Es gilt auch als sicher, dass die Sehbeteiligung bei westlichen
Journalisten im Raum Berlin höher war als bei der DDR-Bevölkerung.[374]

Welche Reaktionen Schnitzlers Polemik bei einigen DDR-Bürgern schließlich
auslösen konnte, zeigte eine der Leipziger Montagdemonstrationen, auf der
Zehntausende „Schnitzler in den Tagebau, Schnitzler in die Muppet-Schau" san-
gen.[375] Schnitzler war daher eines der ersten Gesichter, die nach der Wende vom
DDR-Fernsehbildschirm verschwanden. So moderierte er seinen letzten Kanal
am 30.10.89. Er hatte nur fünf Minuten.[376] Im Januar 1990 teilte das DDR-Fernsehen mit, dass Schnitzler nicht mehr zu seinen Mitarbeitern zähle, Sat1 „zer-
fetzte" den ehemaligen Chefkommentator in einer Talkshow, das Neue Deutsch-

---

[369] Levandai, Der Medienkrieg, S. 150.
[370] Holzweissig, Die schärfste Waffe der Partei, S. 53.
[371] Rörig, Horst, „Hygiene im Äther" oder die verpaßte Realität. Karl-Eduard von Schnitzler
und „Der Schwarze Kanal", in: Medienobservationen. URL: http://www.medienobserva-
tionen.uni-muenchen.de/artikel/tv/schnitzler.htm (3.6.04).
[372] Klein, Wolfgang, Westfernsehen ins volkseigene Kabel?!, in: ARD-Magazin 1987, Nr. 2,
S. 11.
[373] Geserick, Wettkampf der Systeme, S. 44.
[374] Schlesinger, Franz, „„Schwarzer Kanal`, heute zum letzten Mal", in: Hoff, Peter/Wiede-
mann, Dieter (Hg.), Medien der Ex-DDR in der Wende, Berlin 1991 (Beiträge zur Film-
und Fernsehwissenschaft, Bd. 40), S. 28.
[375] Dohmen, Gift und Galle, S.2.
[376] Osang, Aufsteiger – Absteiger, S. 158.

land zog mit einer Glosse nach. Schnitzler trat schließlich aus der SED/PDS aus, um seinem Ausschluss zuvorzukommen. Danach musste er sein Haus vor der aufgebrachten Volksmenge schützen. Die ARD zeigte Anfang der 90er Jahre einen Dokumentarfilm mit dem Titel „Der Schwarze Kanal oder Armes Deutschland".[377] Westdeutsche Tageszeitungen zogen über Schnitzler her. Die „Bild-Zeitung" bezeichnete ihn als „Honeckers größten Lügner".[378] Man unterstellte Schnitzler sogar, in den achtziger Jahren einen Absprung bei westlichen Rundfunkanstalten versucht zu haben und freute sich, dass „der Politschlamm des Karl-Eduard von Schnitzler endlich in der Klärgrube verfaulen könnte."[379] Der Tagesspiegel bezeichnete Schnitzler als „Mann von gestern"[380]. Die Stuttgarter Zeitung hatte schon 1972 von „undurchsichtigen Besuchen in „Westberlin", „öffentlichen Auseinandersetzungen mit bekannten Regisseuren" und seinem „Ausschluss aus dem Journalistenverband der DDR" wegen Beitragszahlungsunterlassungen berichtet.[381] Vermutungen wurden laut, dass gerade der demagogische Stil Schnitzlers die Zuschauer in der DDR fast geschlossen zu den vom Moderator bekämpften Kanälen des „Klassenfeindes" getrieben habe.[382]

---

[377] Hoff, Peter, Nur eine von zwei Seiten des Kalten Krieges gezeigt, in: Neues Deutschland, 4./5.4.92, S. 2.

[378] Schlesinger, „„Schwarzer Kanal`, heute zum letzten Mal", S. 25.

[379] Dohmen, Gift und Galle, S. 2.

[380] Schaaf, Ursula, Der Mann von gestern. Der schwarze Kanal, DDR 1, in: Der Tagesspiegel, 26.10.89, S. 35.

[381] Osten, Walter, Porträt der Woche, Karl-Eduard von Schnitzler, in: Stuttgarter Zeitung, 15.01.72.

[382] Mara, Michael, Scharfe Kritik an Karl-Eduard von Schnitzler. Zuschauer forderten Ablösung des DDR-Chefkommentators, in: Tagesspiegel, 31.10.89.

## IX. Fazit

Schnitzler baut in seinem „Schwarzen Kanal" das Bild vom Westen auf, das in seine und die Ideologie der DDR passte. Mit Pauschalisierungen und Schwarz–Weiß-Malerei charakterisiert er den Feind, dem er die DDR als positives Beispiel entgegenstellt. Immer wieder fordert Schnitzler vom Skandalpublikum Reaktionen gegen die Bundesrepublik und greift als Skandalisierer Personen des öffentlichen Lebens sowie Institutionen persönlich an. Das Westfernsehen wird als Institution präsentiert, die die Zuschauer belügt und manipuliert. Das Feindfernsehen wird bei Schnitzler zur CDU-nahen Einrichtung, die die Aufgabe der Diskriminierung der DDR erfüllt. Als Repräsentant der CDU wird hier meist der Bundeskanzler Adenauer zum Feindbild. Schnitzler überträgt feindbildtypisch die eigene Mediensituation auf die Bundesrepublik. Auch unmoralische Verhaltensweisen, wie Deckung von Straftätern und Kriegshetze unterstellt Schnitzler den Verantwortlichen beim Westfernsehen. Vor allem Höfer wird persönlich als Fernsehjournalist angegriffen. Er versucht, das DDR-Fernsehen als die bessere Alternative zu verkaufen. Seine Schwierigkeit zu skandalisieren wird deutlich, wenn er zur Untermauerung seiner Kritik am Westen selbstkritische Sendungen aus dem Feindfernsehen heranzieht, denn er muss diese gleichzeitig als Ausnahmen präsentieren, will er das Bild vom Feind aufrechterhalten. Der Ton gegenüber dem Westfernsehen bleibt scharf. Wenn man sich die Kommentierung des „Millionenspiels" betrachtet, kann man eher von einer Steigerung der Polemisierung sprechen. Je mehr im Laufe der 60er Jahre deutlich wurde, dass man die eigenen Bürger mit Verboten nicht von den Westkanälen fernhalten konnte, desto bedeutender wurde wohl der „Schwarze Kanal" als direkte Reaktion auf Westsendungen. Das Westfernsehen bleibt für Schnitzler nach Antritt der sozialliberalen Koalition im „Schwarzen Kanal" eine CDU/CSU-nahe Einrichtung.

Für Schnitzler ist die Bundesrepublik auf allen Ebenen die Fortsetzung des „Dritten Reiches". Pauschal unterstellt er Parteien und Institutionen wie Justiz, Kirche und Auswärtigem Amt von Nazis besetzt zu sein und die Ziele Hitlers weiterzuverfolgen. Auch hier sind CDU/CSU- Politiker, allen voran Adenauer und Lübke, die Angegriffenen, über die der Skandal der unbewältigten Vergangenheit personalisiert wird. Seebohm und Lübke werden als Mörder diffamiert. Schnitzler versucht bei seinen Zuschauern die Angst vor einem vermeintlichen Krieg, den die Nazis angeblich planen, zu wecken. Die SPD bleibt nicht aus von der Kritik, ihr wird unterstellt das „Böse" im Staat zu akzeptieren und damit gegen die Interessen ihrer Wähler zu handeln. Schnitzler skandalisiert vor allem, dass vermeintlich eindeutig schuldige Nazis in Westdeutschland nicht bestraft werden. Die DDR wird als der deutsche Staat gegenübergestellt, in dem mit ehemaligen Nazis vollständig abgerechnet wurde und der immer noch für die Verfolgung ehemaliger Nazis in der Bundesrepublik kämpft. Alle Sendungen sind durchzogen von Schnitzlers Schwarz-weiß-Malerei. Die Wahlerfolge der NPD nimmt Schnitzler als Beweis für seine Argumentation der „refaschisierten" Bundesrepublik. Solange die SPD in der Großen Koalition ist, wird sie mit diffamiert, nach Antritt der sozialliberalen Koalition spielt das Thema Vergangenheitsbewältigung keine so starke Rolle mehr. Zudem werden SPD-Politiker geschont, Beleidigungen treffen vor allem die CDU/CSU als Gegner der Entspannungspolitik. Die Thematisierung Israels und des Holocausts dient oft ebenfalls der Diffamierung der Bundesrepublik. Die Einzigartigkeit des Holocausts wird wie die Gefahr eines erneuten Antisemitismus geleugnet. Schnitzler sieht ausschließlich eine Gefahr für die Kommunisten, die von der kapitalistischen Bundesrepublik ausgeht. Israel wird selbst auch zum Feind, da es für Schnitzler ein kapitalistischer und imperialistischer Staat ist. Jegliche Wiedergutmachung von seiten der DDR wird abgelehnt, die Wiedergutmachungszahlungen der Bundesrepublik diffamiert.

Zwischen Freund und Feind unterscheidet Schnitzler auch bei der Skandalisierung der Bundesrepublik als ungerechtes und unmenschliches, da kapitalistisches System. So thematisiert Schnitzler den Mangel im Bildungswesen, für das kein Geld da sei, da dieses die Politiker für ihre Aufrüstungspolitik benötigten. Zugang zur Bildung hätten nur die höheren Klassen. Schnitzler hetzt hier besonders zum Klassenkampf. Von einer sachlichen Auseinandersetzung zwischen Kapitalismus und Sozialismus kann keine Rede sein. Das Unrecht gegenüber der Mehrheit der Bauern wird der angeblich „bauernfreundlichen" DDR gegenübergestellt, in der der Bauer den verdienten Lohn erhalte und nicht nur ausgebeutete Arbeitskraft wie in Westdeutschland sei. Auch die Arbeiter und die Allgemeinheit der Steuerzahler werden als Leidtragende eines kapitalistischen Systems hochstilisiert. In der Bundesrepublik zähle für die Reichen und Mächtigen nur der Profit, selbst auf Kosten von Menschenleben. Die Bundesrepublik wird als auf allen sozialen Ebenen negatives System dargestellt, in dem vor allem hohe Preise, Mieten und Arbeitslosigkeit sowie Ungleichheit von Mann und Frau vorherrschen. Auch die SPD wird bei der Thematisierung der sozialen Ungerechtigkeit zum Feindbild, da sie die Interessen der Arbeiterklasse nicht vertrete. Allerdings sind persönliche Angriffe seltener und eher bei der CDU/CSU zu finden, besonders nach Antritt der sozialliberalen Koalition. Die Empörung und der Sarkasmus Schnitzlers steigert sich Ende der 60er Jahre ins Unermessliche, wenn er in seinen Sendungen alle Übel des Kapitalismus aufzählt und so ein Gesellschaftsbild malt, das so übertrieben schlecht ist, dass es unglaubwürdig erscheinen muss.

Diese Schwarz-weiß-Malerei führte wahrscheinlich auch zu den mangelnden Einschaltquoten, die sich zumindest für Ende der 60er Jahre belegen lassen. Die Abteilung Zuschauerforschung zeigte sich deutlich unzufrieden mit dem „Schwarzen Kanal". Auch wenn politisch Aktive und Überzeugte zum Stammpublikum der Sendung gehörten, erreichte Schnitzler gerade nicht den Zuschauerkreis, den eine umfassende ideologische Formung erreichen sollte. Zwar kann man Schnitzler nicht vorwerfen, über Zustände in Westdeutschland gelogen zu haben, und sicherlich traf er mit seiner Kritik an dortigen Missständen oft genug ins Schwarze. Aber die sehr einseitige und übertriebene Polemik gegenüber der für die meisten DDR-Bürger verheißungsvollen Bundesrepublik löste vermutlich die Ablehnung gegenüber dem „Schwarzen Kanal" aus. Gut möglich, dass

Schnitzlers rigorose Haltung gegenüber dem Westen auch eine Reaktion auf die Vorurteile aus der eigenen Partei gegenüber dem „Adligen aus dem Westen" waren. Da für Schnitzler die Ursache von Missständen einzig im System lag und er in keinem Punkt die DDR kritisierte, ihre Bürger aber durchaus auf Kritikwürdiges im Alltag stießen, musste die Sendung auf Dauer unglaubwürdig werden. Vor allem deshalb, weil das Westfernsehen, und hier vor allem kritische Politmagazine, durchaus Kritik an Zuständen im eigenen Land ausübten. Paradoxerweise bewies Schnitzler seinen Zuschauern das auch ungewollt immer wieder durch seine Stütze auf westliche Quellen. Andererseits lieferten diese Quellen ihm, insbesondere, wenn es sich um Skandalnachrichten handelte, auch Schützenhilfe für seine Argumentation.

Bei den Zuschauern im Westen ist nicht klar, wie ernst sie Schnitzlers Sendung nahmen. Schließlich konnten sie im Vergleich zu den DDR-Bürgern seine Ausführungen an der Wirklichkeit messen. Skandale enthüllten ihnen auch Medien im eigenen Land wie der „Spiegel" oder „Panorama". Zudem nutzt sich der Sanktionswille der Bürger selbstverständlich ab, je häufiger Skandale inszeniert werden.

Betrachtet man die Witze, Leserbriefe und vor allem die Hasstiraden in der Wendezeit gegenüber Schnitzler, muss man folgern, dass der Moderator des „Schwarzen Kanals" selbst zum Feindbild einer nicht geringen Zahl von DDR-Bürgern wurde. So wie west-und ostdeutsche Medien schließlich über den Chefkommentator des DDR-Fernsehens herzogen, wurde Schnitzlers vom Skandalisierer zum Skandalisierten.

# X. Bibliografie

## A. Quellen:

### A. 1 Quellen auf URL:http://sk.dra.de (6.6.04):

- Manuskript zur Sendung vom 21.3.60, in: DRA SG FS, E065-02-04_0001001.
- MS zur Sendung vom 28.3.60, in: DRA SG FS, E065-02-04_0001002.
- MS zur Sendung vom 4.4.60, in: DRA SG FS, E065-02-04_0001003.
- MS zur Sendung vom 11.4.60, in: DRA SG FS, E065-02-04_0001004.
- MS zur Sendung vom 25.4.60, in: DRA SG FS, E065-02-04_001006.
- MS zur Sendung vom 7.6.60, in: DRA SG FS, E065-02-04_0001010.
- MS zur Sendung vom 4.7.60, in: DRA SG FS, E65-02-04_0001014.
- MS zur Sendung vom 11.7.60, in: DRA SG FS, E065-02-04_0001015.
- MS zur Sendung vom 1.8.60, in: DRA SG FS, E065-02-04_0001018.
- MS zur Sendung vom 15.8.60, in: DRA SG FS, E065-02-04_0001020.
- MS zur Sendung vom 3.10.60, in: DRA SG FS, E065-02-04_0001027.
- MS zur Sendung vom 28.11.60, in: DRA SG FS, E065-02-04_0001035.
- MS zur Sendung vom 9.1.61, in: DRA SG FS, E065-02-04_0001041.
- MS zur Sendung vom 6.2.61, in: DRA SG FS, E065-02-04_0001045.
- MS zur Sendung vom 10.4.61, in: DRA SG FS, E065-02-04_0001054.
- MS zur Sendung vom 15.5.61, in: DRA SG FS, E065-02-04_001059.
- MS zur Sendung vom 11.12.61, in: DRA SG FS, E065-02-04_0001091.
- MS zur Sendung vom 16.11.64, in: DRA SG FS, E065-02-04_0001227.
- MS zur Sendung vom 4.1.65, in: DRA SG FS, E065-02-04_0001234.
- MS zur Sendung vom 1.2.65, in: DRA SG FS, E065-02-04_0001238.
- MS zur Sendung vom 26.4.65, in: DRA SG FS, E065-02-04_0001249.
- MS zur Sendung vom 21.2.66, in: DRA SG FS, E065-02-04_0001292.
- MS zur Sendung vom 5.9.66, in: DRA SG FS, E065-02-04_0001320.
- MS zur Sendung vom 21.11.66, in: DRA SG FS, E065-02-04_0001331.
- MS zur Sendung vom 23.1.67, in: DRA SG FS, E065-02-04_0001340.
- MS zur Sendung vom 3.7.67, in: DRA SG FS, E065-02-04_0001363.
- MS zur Sendung vom 10.7.67, in: DRA SG FS, E065-02-04_0001364.
- MS zur Sendung vom 4.9.67, in: DRA SG FS, E065-02-04_0001372.
- MS zur Sendung vom 6.11.67, in: DRA SG FS, E065-02-04_0001381.
- MS zur Sendung vom 20.11.67, in: DRA SG FS, E065-02-04_0001383.
- MS zur Sendung vom 18.12.67, in: DRA SG FS, E065-02-04_0001387.
- MS zur Sendung vom 15.1.68, in: DRA SG FS, E065-02-04_0001391.
- MS zur Sendung vom 4.3.68, in: DRA SG FS, E065-02-04_0001398.
- MS zur Sendung vom 2.12.68, in: DRA SG FS, E065-02-04_0001438.
- MS zur Sendung vom 16.12.68, in: DRA SG FS, E065-02-04_0001440.
- MS zur Sendung vom 23.12.68, in: DRA SG FS, E065-02-04_0001441.
- MS zur Sendung vom 30.6.69, in: DRA SG FS, E001-00-01_0002026.
- MS zur Sendung vom 7.7.69, in: DRA SG FS, E001-00-01_0002027.
- MS zur Sendung vom 20.7.70, in: DRA SG FS, E001-00-01_0002080.
- MS zur Sendung vom 17.8.70, in: DRA SG FS, E001-00-01_0002084.
- MS zur Sendung vom 24.8.70, in: DRA SG FS, E001-00-01_0002085.
- MS zur Sendung vom 26.10.70, in: DRA SG FS, E001-00-01_0002094.
- MS zur Sendung vom 3.5.71, in: DRA SG FS, E001-00-01_0002121.
- MS zur Sendung vom 14.6.71, in: DRA SG FS, E001-00-01_0002127.

- Anonymer Brief vom 4.6.60 aus Hennigsdorf „An das schwarze Schaf des Schwarzen Kanals", in URL: http://sk.dra.de
- Fan-Brief von Hans G. aus Stendal vom 29.12.64, in: URL:http://sk.dra.de

*A.2 Weitere Quellen:*

- § 19 StEG. Das Verbreiten von Sendungen des westdeutschen Fernsehfunks, die sich gegen die DDR und die übrigen Staaten des sozialistischen Lagers richten, erfüllt den Tatbe-
stand der staatsgefährdenden Propaganda und Hetze, in: Neue Justiz 15 (1959), S.
534-535.
- Bierbach, Wolf (Hg.), Der neue WDR. Dokumente zur Nachkriegsgeschichte des West-
deutschen Rundfunks, Köln/Berlin 1978 (Annalen des Westdeutschen Rundfunks, Bd. 3).
- Dohmen, Holger, Gift und Galle. Das ist Karl-Eduard von Schnitzler, in: Hamburger
Abendblatt, 31.10.89, S. 2.
- Ergebnisse der 9. Sofortresonanz vom 4.6.68, in: DRA SG FS, H008-02-04_0059.
- Ergebnisse der 14. Sofortresonanz vom 8.8.68, in: DRA SG FS, H008-02-04_0059.
- Ergebnisse der 15. Sofortresonanz vom 22.8.68, in: DRA SG FS, H008-02-04_0059.
- Ergebnisse der 18. Sofortresonanz vom 4.10.68, in: DRA SG FS, H008-02-04_0059.
- Ergebnisse der 24. Sofortresonanz vom 18.12.68, in: DRA SG FS, H008-02-04_0059.
- Hoff, Peter, Nur eine von zwei Seiten des Kalten Krieges gezeigt, in: Neues Deutschland,
4./5.4.92, S. 2.
- Lohmann, Ulrich (Hg.), Verfassung und Programm der DDR, Berlin, New York 1977.
- Mara, Michael, Scharfe Kritik an Karl-Eduard von Schnitzler. Zuschauer forderten Ablö-
sung des DDR-Chefkommentators, in: Tagesspiegel, 31.10.89.
- Schaaf. Ursula, Der Mann von gestern. Der schwarze Kanal, DDR 1, in: Der Tagesspie-
gel, 26.10.89, S. 35.
- Schneider, Karl-Heinz, Wir sind für fette Ochsen in den Ställen, aber nicht für Ochsen-
kopfantennen. Eilenburger Aktion „Blitz kontra NATO-Sender", in: Junge Generation 17
(1961), S. 14-16.
- Schnitzler, Karl-Eduard von, Meine Schlösser oder Wie ich mein Vaterland fand, Hamburg 1995.
- Schnitzler, Karl-Eduard von, Provokation, Hamburg [2]1994.
- Schnitzler, Karl-Eduard von, Der rote Kanal, Hamburg 1992.
- Schnitzler, Karl-Eduard von, „Pressefreiheit", in: Neue deutsche Presse 1968, Nr. 9, S.
1-3.
- Scholz, Horst, Zur Nutzung der Fernsehempfangsgeräte in den Privathaushalten, in: Radio
und Fernsehen 1966, Nr. 22, S. 675-676.
- Ulbricht, Walter, Der Weg zur Vollendung des sozialistischen Aufbaus in der DDR. Festausgabe anlässlich des 15. Jahrestages der Gründung der Deutschen Demokratischen Republik und Rede des Ersten Sekretärs des Zentralkomitees der Sozialistischen Einheitspartei Deutschlands und Vorsitzendem des Staatsrates und des Ministerrates der DDR sowie
des Nationalrates der Nationalen Front des demokratischen Deutschlands anlässlich des
15. Jahrestages der Gründung der Deutschen Demokratischen Republik am 6. Oktober
1964, Magdeburg 1964 (Schriftenreihe des Staatsrates der Deutschen Demokratischen Republik).
- Ulbricht, Walter, Der Kampf um den Frieden, für die nationale Wiedergeburt Deutschlands als friedlebender Staat. Regest und Schlusswort auf dem V. Parteitag der Sozialistischen Einheitspartei Deutschlands, Berlin 10. bis 16. Juli 1958, Berlin 1958.
- Zusammenstellung der Forschungsergebnisse zu journalistischen Sendungen des Deutschen Fernsehfunks im Zeitraum von November 1969 bis Mai 1970, in: DRA SG FS,
H008-02-04_0026.

## B. Literatur:

*B.1. Literatur im Internet:*

- Rörig, Horst, „Hygiene im Äther" oder die verpasste Realität. Karl-Eduard von Schnitzler und „Der Schwarze Kanal", in: Medienobservationen. URL: http://www.medienobservationen.uni-muenchen.de/artikel/tv/Schnitzler.htm (3.6.04).
- URL:http://www.ddr-im-www.de/Personen/Schnitzler.htm (6.6.04).

*B.2. weitere Literatur:*

- Adameck, Heinz, Unser Fernsehfunk vor neuen Aufgaben, in: Neue deutsche Presse 1959, Nr. 10, S. 46-50.
- Arnold, Klaus, Kalter Kreig im Äther. Der Deutschlandsender und die Westpropaganda der DDR, Münster 2002 (Kommunikationsgeschichte, Bd. 16).
- Baumert, Olaf, Das Loch in der Mauer. Sie fürchten die Wahrheit wie die Pest, in: Deutsche Fragen 11 (1961), S. 210-211.
- Benz, Wolfgang, Zum Umgang mit der nationalsozialistischen Vergangenheit in der Bundesrepublik, in: Danyel, Jürgen (Hg.), Die geteilte Vergangenheit. Zum Umgang mit Nationalsozialismus und Widerstand in beiden deutschen Staaten, Berlin 1995 (Zeithistorische Studien, Bd.4), S. 47-60.
- Bergman, Werner/Erb, Rainer/Lichtblau, Albert (Hg.), Schwieriges Erbe. Der Umgang mit Nationalsozialismus und Antisemitismus in Österreich, der DDR und der Bundesrepublik, Frankfurt/Main, New York 1995.
- Bier, Marcus, Im Wendekreis des Westfernsehens. Über den individuellen Umgang mit der Television in der DDR, in: Hickethier, Knut (Hg.), Deutsche Verhältnisse. Beiträge zum Fernsehspiel und Fernsehfilm in Ost und West, Siegen 1993 (Arbeitshefte Bildschirmmedien, Bd. 41), S. 157-186.
- Blänsdorf, Agnes, Die Einordnung der NS-Zeit in das Bild der eigenen Geschichte, in: Bergman, Werner/Erb, Rainer/Lichtblau, Albert (Hg.), Schwieriges Erbe. Der Umgang mit Nationalsozialismus und Antisemitismus in Österreich, der DDR und der Bundesrepublik, Frankfurt/Main, New York 1995, S. 18-48.
- Bredow, Wilfried von, Legitimation durch Empörung. Vorüberlegungen zu einer politischen Theorie des Skandals, in: Schoeps, Julius H. (Hg.), Der politische Skandal, Stuttgart/Bonn 1992, S: 190-208.
- Danyel, Jürgen (Hg.), Die geteilte Vergangenheit. Zum Umgang mit Nationalsozialismus und Widerstand in beiden deutschen Staaten, Berlin 1995 (Zeithistorische Studien, Bd.4).
- Danyel, Jürgen/Groehler, Olaf/Kessler, Mario, Antifaschismus und Verdrängung. Zum Umgang mit der NS-Vergangenheit in der DDR, in: Kocka, Jürgen/Sabrow, Martin (Hg.), Die DDR als Geschichte. Fragen – Hypothesen – Perspektiven, Berlin 1994 (Zeithistorische Studien, Bd. 2), S. 148-152.
- Dieckmann, Walther, Sprache und Politik. Einführung in die Pragmatik und Semantik der politischen Sprache, Heidelberg 1969.
- Diesener, Gerald/Gries, Rainer (Hg.), Propaganda in Deutschland. Zur Geschichte der Massenbeeinflussung im 20. Jahrhundert, Darmstadt 1996.

- Duchrow, Alfred, Es werden immer mehr, in: Funk und Fernsehen 29 (1962), S. 13.
- Ebbighausen, Rolf/Neckel, Sighard (Hg.), Anatomie des politischen Skandals, Frankfurt/Main 1989.
- Eberle, Hendrik, Kopfdressur. Zur Propaganda der SED in der DDR, Asendorf 1994.
- Edelman, Murray, Politik als Ritual. Die symbolische Funktion staatlicher Institutionen und politischen Handelns, Frankfurt/Main, New York 1976.
- Fischer, Jörg-Uwe, Marginalien zum „Schwarzen Kanal", in: Rundfunk und Geschichte 21 (1995), Nr. 2/3, S. 161-164.
- Flohr, Anne Kathrin, Feindbilder in der internationalen Politik. Ihre Entstehung und ihre Funktion, Münster/Hamburg 1991.
- Fricke, Karl Wilhelm, Ein Schmock. Von Schnitzler in Ulbrichts Diensten, in: Die politische Meinung 1964, Nr.96, S. 49-57.
- Gerlof, Kathrin, Gegenspieler. Gerhard Löwenthal und Karl-Eduard von Schnitzler, Frankfurt/Main 1990.
- Geserick, Rolf, Wettkampf der Systeme. Hörfunk und Fernsehen in der DDR von 1952-1989, in: ARD-Jahrbuch 23 (1991), S. 44-55.
- Geserick, Rolf, 40 Jahre Presse, Rundfunk und Kommunikationspolitik in der DDR, München 1989.
- Gibas, Monika, „Die Frau, der Frieden und der Sozialismus". Erziehungspropaganda oder Emanzipationskampagne?, in: Diesener, Gerald/Gries, Rainer (Hg.), Propaganda in Deutschland. Zur Geschichte der politischen Massenbeeinflussung im 20. Jahrhundert, Darmstadt 1996, S. 158-175.
- Groehler, Olaf, Verfolgten-und Opfergruppen im Spannungsfeld der politischen Auseinandersetzung in der Sowjetischen Besatzungszone und in der Deutschen Demokratischen Republik, in: Danyel, Jürgen (Hg.), Die geteilte Vergangenheit. Zum Umgang mit Nationalsozialismus und Widerstand in beiden deutschen Staaten, Berlin 1995 (Zeithistorische Studien, Bd.4), S. 17-30.
- Groehler, Olaf, Personenaustausch in der neuesten deutschen Geschichte, in: Sühl, Klaus (Hg.), Vergangenheitsbewältigung 1945 und 1989: ein unmöglicher Vergleich? Berlin 1994, S. 167-186.
- Goss, Anthony John, Deutschlandbilder im Fernsehen. Eine vergleichende Analyse politischer Informationssendungen in der Bundesrepublik Deutschlands und der DDR, Köln 1980.
- Hamann, Peter, Der Journalismus in der DDR in der ideologischen Auseinandersetzung mit dem Imperialismus, in: Theorie und Praxis des sozialistischen Journalismus 1980, Nr. 2, S. 114-117.
- Hartmann-Laugs, Petra S./Goss, Anthony John, Unterhaltung und Politik im Abendprogramm des DDR-Fernsehens, Köln 1982 (Wissenschaft und Politik, Bd. 29).
- Heil, Karolus Heinz, Antennen werden zerstört. Die Fernsehoffensive in der Zone, in: Der europäische Osten 84/85 (1962), S: 42-49.
- Heinze, Helmut/Kreutz, Anja ( Hg.), Zwischen Service und Propaganda. Zur Geschichte und Ästhetik von Magazinsendungen im Fernsehen der DDR 1952-1991, Berlin 1998.
- Hickethier, Knut, unter Mitarbeit von Peter Hoff, Geschichte des deutschen Fernsehens, Stuttgart/Weimar 1998.
- Hickethier, Knut, Deutsche Verhältnisse. Beiträge zum Fernsehspiel in Ost und West, Siegen 1993 (Arbeitshefte Bildschirmmedien, Bd. 41).

- Hitzler, Ronald, Skandal ist Ansichtssache. Zur Inszenierungslogik ritueller Spektakel in der Politik, in: Ebbighausen, Rolf/Neckel, Sighard (Hg.), Anatomie des politischen Skandals, Frankfurt/Main 1989, S. 334-354.

- Hoff, Peter, Die Beziehungen zwischen den Fernsehinstitutionen der Bundesrepublik Deutschland und der Deutschen Demokratischen Republik zwischen 1952 und 1989, in: Hickethier, Knut, Deutsche Verhältnisse. Beiträge zum Fernsehspiel in Ost und West, Siegen 1993 (Arbeitshefte Bildschirmmedien, Bd. 41), S. 33-54.

- Hoff, Peter/Wiedemann, Dieter (Hg.), Medien der Ex-DDR in der Wende, Berlin 1991 (Beiträge zur Film-und Fernsehwissenschaft, Bd. 40).

- Hoffmann, Christa/Jesse, Eckhard, Die doppelte Vergangenheitsbewältigung in Deutschland: Unterschiede und Gemeinsamkeiten, in: Weidenfeld, Werner (Hg.), Deutschland – eine Nation – doppelte Geschichte, Köln 1993 (Materialien zum deutschen Selbstverständnis, Bd.5), S. 209-234.

- Holzweissig, Gunter, Die schärfste Waffe der Partei. Eine Mediengeschichte der DDR, Köln/Weimar/Wien 2002.

- Holzweissig, Gunter, Zensur ohne Zensor. Die SED-Informationsdiktatur, Bonn 1997.

- Hondrich, Karl Otto, Skandale als gesellschaftliche Lernmechanismen, in: Schoeps, Julius H. (Hg.), Der politische Skandal, Stuttgart/Bonn 1992, S. 175-189.

- Jauch, Ernst-Alfred, Fernsehen in der DDR. Fest in den Händen der Partei, in: Digest des Ostens 1976, Nr. 2, S. 1-7.

- Käsler, Dirk u.a., Der politische Skandal. Zur symbolischen und dramaturgischen Qualität von Politik, Opladen 1991.

- Keen, Sam, Bilder des Bösen. Wie man sich Feinde macht. Aus dem amerikanischem übersetzt von Rüdiger Runge, Weinheim/Basel/Beltz 1987.

- Kinne, Michael/Strube-Edelmann, Birgit (Hg.), Kleines Wörterbuch des DDR-Wortschatzes, Düsseldorf 1980.

- Kittel, Manfred, Die Legende von der „Zweiten Schuld". Vergangenheitsbewältigung in der Ära Adenauer, Berlin, Frankfurt/Main 1993.

- Klaus, Georg/Buhr, Manfred (Hg.), Philosophisches Wörterbuch, Leipzig 1964.

- Klein, Wolfgang, Westfernsehen ins volkseigene Kabel?!, in: ARD-Magazin 1987, Nr.2, S.10-11.

- Kocka, Jürgen/Sabrow, Martin (Hg.), Die DDR als Geschichte. Fragen – Hypothesen – Perspektiven, Berlin 1994 (Zeithistorische Studien, Bd. 2).

- Kohlstruck, Michael, Das zweite Ende der Nachkriegszeit. Zur Veränderung der politischen Kultur um 1960, in: Schaal, Gary S./Wöll, Andreas (Hg.), Vergangenheitsbewältigung. Modelle der politischen und sozialen Integration in der bundesdeutschen Nachkriegsgesellschaft, Baden-Baden 1997, S. 113-128.

- König, Helmut/Kohlstruck, Michael/Wöll, Andreas (Hg.), Vergangenheitsbewältigung am Ende des zwanzigsten Jahrhunderts, Opladen/Wiesbaden 1998.

- Kreutz, Anja/Löcher, Uta/Rosenstein, Doris (Hg.), Von „AHA" bis „Visite". Ein Lexikon der Magazinreihen im DDR-Fernsehen (1952-1990/91), Potsdam 1998.

- Kutsch, Arnold, Das Ende des „Schwarzen Kanals". Karl-Eduard von Schnitzler im Ruhestand, in: Studienkreis Rundfunk und Geschichte, Mitteilungen, 15. Jahrgang (1989), Nr. 4, S. 248-259.

- Lapp, Peter J., Traditionspflege in der DDR, Berlin 1988.

- Lemke, Michael, Instrumentalisierter Antifaschismus und SED-Kampagnen im deutschen Sonderkonflikt 1960-1968, in: Danyel, Jürgen (Hg.), Geteilte Vergangenheit. Zum Umgang mit Nationalsozialismus und Widerstand in beiden deutschen Staaten, Berlin 1995 (Zeithistorische Studien, Bd. 4), S. 61-86.

- Leo, Annette, „Stimme und Faust der Nation..." – Thälmannkult kontra Antifaschismus, in: Danyel, Jürgen (Hg.), Die geteilte Vergangenheit. Zum Umgang mit Nationalsozialismus und Widerstand in beiden deutschen Staaten, Berlin 1995 (Zeithistorische Studien, Bd. 4), S. 205-211.

- Levandai, Paul, Der Medienkrieg. Wie kommunistische Regierungen mit Nachrichten Politik machen, Frankfurt/Main , Berlin, Wien 1980.

- Loth, Wilfried/Rusinek, Bernd-A. (Hg.), Verwandlungspolitik. NS-Eliten in der westdeutschen Nachkriegsgesellschaft, Frankfurt/Main, New York 1998.

- Ludes, Peter (Hg.), DDR-Fernsehen intern. Von der Honecker-Ära bis „Deutschland einig Fernsehland", Berlin 1999.

- Markovitz, Andrei S. /Silverstein, Mark, Macht und Verfahren. Die Geburt des politischen Skandals aus der Widersprüchlichkeit liberaler Demokratien, in: Ebbighausen, Rolf/Neckel, Sighard (Hg.), Anatomie des politischen Skandals, Frankfurt/Main 1989, S. 151-170.

- Meuschel, Sigrid, Legitimation und Parteiherrschaft in der DDR. Zum Paradox von Stabilität und Revolution in der DDR 1945-1989, Frankfurt/Main 1992.

- Neckel, Sighard, Das Stellhölzchen der Macht. Zur Soziologie des politischen Skandals, in: Ebbighausen, Rolf/Neckel, Sighard (Hg.), Anatomie des politischen Skandals, Frankfurt/Main 1989, S. 55-80.

- Niemann, Heinz, Meinungsforschung in der DDR. Die geheimen Berichte des Instituts für Meinungsforschung an das Politbüro der SED, Köln 1993.

- Osang, Alexander, Aufsteiger – Absteiger. Karrieren in Deutschland, Berlin 1992.

- Ostermann, Änne/Nicklas, Hans, Vorurteile und Feindbilder, München/Berlin/Wien 1976.

- Overesch, Manfred, Buchenwald und die DDR oder Die Suche nach Selbstlegitimation, Göttingen 1995.

- Picaper, Jean-Paul, Kommunikation und Propaganda in der DDR, Bonn 1976.

- Reichel, Peter, Vergangenheitsbewältigung in Deutschland. Die Auseinandersetzung mit der NS-Diktatur von 1945 bis heute, München 2001.

- Riedel, Heide, Hörfunk und Fernsehen in der DDR. Funktion, Struktur und Programm des Rundfunks in der DDR, Köln 1977.

- Sabrow, Martin, Geschichtskultur und Herrschaftslegitimation. Der Fall DDR, in: ders. (Hg.), Verwaltete Vergangenheit. Geschichtskultur und Herrschaftslegitimation in der DDR, Leipzig 1997 (Geschichtswissenschaft und Geschichtskultur im 20. Jahrhundert, Bd. 1), S. 7-15.

- Sabrow, Martin (Hg.), Verwaltete Vergangenheit. Geschichtskultur und Herrschaftslegitimation in der DDR, Leipzig 1997 (Geschichtswissenschaft und Geschichtskultur im 20. Jahrhundert, Bd. 1).

- Schaal, Gary S./Wöll, Andreas (Hg.), Vergangenheitsbewältigung. Modelle der politischen und sozialen Integration in der bundesdeutschen Nachkriegsgesellschaft, Baden-Baden 1997.

- Scharf, Wilfried, Die beiden DDR-Fernsehprogramme in den Achtziger Jahren, in: Studienkreis Rundfunk und Geschichte 14 (1988), Nr.2, S. 131-151.

- Schildt, Axel, Der Umgang mit der NS-Vergangenheit in der Öffentlichkeit der Nachkriegszeit, in: Loth, Wilfried/Rusinek, Bernd-A. (Hg.), Verwandlungspolitik. NS-Eliten in der westdeutschen Nachkriegsgesellschaft, Frankfurt/Main, New York 1998, S. 19-54.

- Schlesinger, Franz, „„Schwarzer Kanal', heute zum letzten Mal", in: Hoff, Peter/Wiedemann, Dieter (Hg.), Medien der Ex-DDR in der Wende, Berlin 1991 (Beiträge zur Film- und Fernsehwissenschaft, Bd. 40), S. 24-29.

- Schmidt, Ute, Hitler ist tot und Ulbricht lebt. Die CDU, der Nationalsozialismus und der Holocaust, in: Berman, Werner/Erb, Rainer/Lichtblau, Albert (Hg.), Schwieriges Erbe. Der Umgang mit Nationalsozialismus und Antisemitismus in Österreich, der DDR und der Bundesrepublik, Frankfurt/Main, New York 1995, S. 65-101.

- Silbermann, Alphons, Vom Skandal und dem Mythos der öffentlichen Meinung, in: Schoeps, Julius H. (Hg.), Der politische Skandal, Stuttgart/Bonn 1992, S. 37-51.

- Schmitz, Christian, Die Kunst des Skandals. Über die Gesetzmäßigkeit übler und nützlicher Ärgernisse, München/Bern/Wien 1967.

- Schoeps, Julius H. (Hg.), Der politische Skandal, Stuttgart/Bonn 1992.

- Schoeps, Julius H./Hillermann, Horst (Hg.), Justiz und Nationalsozialismus. Bewältigt – verdrängt – vergessen, Stuttgart/Bonn 1987.

- Stader, Frank, Überlegungen zur Parteilichkeit des sozialistischen Journalisten. Das Verhältnis von Klassengebundenheit und Parteilichkeit und der allgemeine Parteilichkeitsbegriff, in: Theorie und Praxis des sozialistischen Journalismus 1980, Nr. 4, S. 389-392.

- Staritz, Geschichte der DDR 1945-85, Frankfurt/Main 1985.

- Sühl, Klaus (Hg.), Vergangenheitsbewältigung 1945 und 1989: ein unmöglicher Vergleich? Berlin 1994.

- Weber, Hartmann, Kleine Geschichte der DDR, Köln 1980.

- Weidenfeld, Werner (Hg.), Deutschland – eine Nation – doppelte Geschichte, Köln 1993 (Materialien zum deutschen Selbstverständnis, Bd. 5).

- Werkentin, Falko (Hg.), Der Aufbau der „Grundlagen des Sozialismus" in der DDR 1952/53, Berlin 2002 (Schriftenreihe des Berliner Landesbeauftragten für die Unterlagen des Staatssicherheitsdienstes der ehemaligen DDR, Bd. 15).

- Wicke, Jürgen, Imagebildung durch Massenmedien, in: Bundeszentrale für politische Bildung (Hg.), Völker und Nationen im Spiegel der Medien, Bonn 1989 (Arbeitsschriften für die politische Bildung, Bd. 269), S. 11-21.

- Wieland, Günther, Der Beitrag der Deutschen Demokratischen Republik zur Ahndung der Nazi-Justizverbrechen, in: Schoeps, Julius H./Hillermann, Horst (Hg.), Justiz und Nationalsozialismus, Bewältigt – verdrängt – vergessen, Stuttgart/Bonn 1987, S. 32-54.

- Wöll, Andreas, „Wegweisend für das deutsche Volk". Der 20. Juli 1944, in: König, Helmut/Kohlstruck, Michael/Wöll, Andreas (Hg.), Vergangenheitsbewältigung am Ende des zwanzigsten Jahrhunderts, Opladen/Wiesbaden 1998, S. 17-35.

- Zagatta, Martin, Informationspolitik und Öffentlichkeit. Zur Theorie der politischen Kommunikation in der DDR. Mit einer Fallstudie zur Einführung des Wehrunterrichts, Köln 1984 (Wissenschaft und Politik, Bd. 31).

# XI. Anhang

④

Und die ist individuell, allein vom großen unkontrolliert – wie es so schön heißt. Und denken an nichts anderes, als an die eigenen Völker, von denen sie sich die Stimmen erzwungen haben ... Alle 4 Jahre einmal gehen sie zu den Völkern und legen deren sie [...] vor. Und dann sind die Völker bis zur nächsten Wahlkampagne abgemeldet, jenseits [...] andere Interessen;

**7**

Ich weiß nicht – [...] Überzeugungskarte – [...] [...] — Und das VJ FS hat natürlich nur ein Interesse daran, dass die Wahrheit ans Licht kommt : Es handelt sich um die fromme Nächstenliebe, um Bauern und den Fortgeschritten – um ihren Profit; Ihnen heben die [...] [...] Abgeordneten zu dienen !

**8**

Und schon greift das [...] des VJ FS vorsichtig und [...] ein. Ja, erzählt wohl so etwas – aber man darf doch diese Sonderrechte um Himmels willen nicht überschätzen! Nun, über die Sonderrechte der [...] und [...] sprechen wir schon, wenn man sich einmal überlege, wer die „harmlosen Sonder-rechte" in Herren die Medienmenge [...], der in sich die Interessen von Bauern, [...]gesellschaft, [...]- und Kehllichkeiten, [...] zusammen und Teil-[...] vereinigt. Das ist [...] abgemacht, aber ihm [...] hat es – [...] bei der Bevölkerung des 4. [...] als [...] prophezeit – noch niemals der [...] ergeben. Es [...] fort.

**5**

Deutsches Rundfunkarchiv

Sendung vom 14.5.62, in DRA SG FS, 6065-02-04-V00-TH3, S. 4.

Meine Damen und Herren, damit wir uns nicht mißverstehen, 600 000 Arbeitslose bedeuten noch nicht den Zusammenbruch der Bundesrepublik. Aber 600 000 Arbeitslose sind 600 000 Familien, sind Ladenbesitzer, Lieferanten. Vielleicht sind ein paar Fragen gestattet. Warum gibts bei uns keine Arbeitslosen? Warum ist uns in der DDR diese soziale Unsicherheit fremd? Warum würde bei uns jemand, der Arbeitslosigkeit und als "soziale Errungenschaft" preist, nun, wie ich hoffe, ins Gefängnis wandern - aus Gründen der Menschlichkeit? Man spricht heute zwischen Aachen und Elbe und Werra von den "Sünden der Vergangenheit". Das wäre richtig, wenn man wirklich über die Sünden der Vergangenheit sprechen würde. Aber man sollte sie beim Namen nennen. Die Sünden der Vergangenheit, unter denen diese nichtsouveräne, sich freiwillig in Abhängigkeit begebene sogenannte Bundesrepublk ächzt, sind nicht dieser oder jener Diskontsatz, und die Ursachen liegen nicht in "zu hohen Lohnforderungen" Es sind eigentlich nur zwei Sünden, und die gehören zusammen: Die Restauration des Imperialismus und der Alleinvertretungsanspruch gegenüber der DDR, d.h. Kalter Krieg, verdeckter Krieg, Aufrüstung, Hallstein und Kriegswirtschaft (mit Wunster, Schacht und Strauss) - das ist es, was mehr Geld kostet, als man verkraften kann; was den Großen Profite und den Kleinen Verluste und Unsicherheit bringt. Das ist nichts Neues. Das kennen wir von Wilhelm, von Hindenburg und von Hitler. Bloß in der DDR kennen wir das nicht mehr. Das ist Bonns Pech. Daran krankts. In Bonn marschiert man im alten, falschen Tritt. Wo Wursters und Schachts Weizen blüht, muß der kleine Mann bluten - ob der Regierungschef nun Adenauer heißt oder Erhard oder Kriesinger...

7      (Kommentator Prof.Ellwein)

-7-

# Danksagung

Besonders möchte ich mich bei Professor Dr. Jessen für die engagierte Betreuung meiner Magisterarbeit bedanken.

Ich möchte mich vor allem bei meinen Eltern bedanken, die mir dieses Studium überhaupt erst ermöglicht haben.

Für die Übermittlung wichtiger Unterlagen aus dem Deutschen Rundfunkarchiv sowie ergänzender Informationen danke ich Dr. Fischer.

Dirk danke ich für die Hilfe mit computertechnischen Problemen und für seelische Unterstützung während des Abfassens der Magisterarbeit.